1 **Boh – ist mir schlecht!** Richtiggehend übel. Eigentlich liebe ich süße Sachen. Nussschokolade, Lakritzschnecken, Lebkuchenherzen, Nougatpralinen, aber diesmal habe ich wohl übertrieben. Ein halber Marmorkuchen musste dran glauben, und das, obgleich er eigentlich ziemlich muffig schmeckte. Kein Wunder. Mama hat ihn nämlich schon letzte Woche anlässlich von Billis 17. Geburtstag gebacken, und seitdem modert er in unserem Vorratsschrank vor sich hin. Normalerweise finde ich muffigen Kuchen eklig – da soll mir doch bitte schön mal einer erklären, warum ich ihn dennoch wie ein ausgehungertes Tier verschlungen habe!

Zur Strafe muss ich mit zur Ballettaufführung meiner Schwester. Das heißt, ich hätte natürlich sowieso hingemusst. Meine Schwester ist so etwas wie eine Primaballerina. Schön, dürr und talentiert. Überhaupt – talentiert ist das Lieblingswort meiner Mutter. Es bezieht sich allerdings nur auf Dinge, die mit Tanzen zu tun haben. Dieses Mädchen ist talentiert, jenes auch und besonders meine Schwester Billi, aber wenn man gute Noten nach Hause bringt, hat das nix mit Talent zu tun.

Okay, Billi kann sich klasse bewegen, aber wer interessiert sich schon dafür, dass meine Schwester in so einem albernen Tutu über die Bühne trippelt und so tut, als sei sie ein Schwan. Noch schlimmer ist es bei modernen Choreographien. Da trägt sie immer einen hautengen Catsuit, der ihre hervorstehenden Hüftknochen betont, und legt so einen tragischen Gesichtsausdruck auf, was ich einfach dämlich finde. Weil sie den nur einstudiert hat, bei uns zu Hause vorm Badezimmerspiegel. Alles Lug und Trug!

„Nina!" Das ist Papa, der schon eine Weile darauf drängt, dass wir losfahren.

„Komme gleich!", rufe ich, während mich die schiere Verzweiflung packt. Ich hab nichts anzuziehen, und das ist kein Scherz! Meine Lieblingsjeans kneift an allen Ecken und Enden – wahrscheinlich liegt's am Marmorkuchen – und meine Zweitlieblingssachen, ein kurzer Cordrock und eine karierte Workerhose, sind in den letzten Wochen sowieso schon zu eng geworden. Es ist mir peinlich zuzugeben, aber irgendwie scheine ich seit einiger Zeit wie ein Hefekuchen aufzugehen.

Hektisch durchwühle ich meinen Kleiderschrank. Erst fällt mir eine ausgeleierte Jogginghose in die Hände, in der ich mich unmöglich in der Öffentlichkeit zeigen kann, dann so ein langweiliges T-Shirt-Rock mit Gummizug. Gut, der müs

Da wird die Tür aufgerissen. Mama flattert herein und beschwert sich, dass ich noch in Unterhose dastehe.

„Was soll ich bloß anziehen?" Verzweifelt deute ich in den Schrank. „Lauter blöde alte Sachen!"

„Leih dir doch was von Billi."

Haha, sehr witzig. In Billis Sachen passt vielleicht ein dreijähriges Mädchen, das durch einen genetischen Defekt bereits die Größe einer 17-Jährigen hat, aber nicht ich fette Kuh! Warum haben mir meine Eltern überhaupt einen so mädchenhaft-grazil klingenden Namen wie Nina gegeben? Warum heiße ich nicht Trampel oder Nilpferd oder Mega-Dino?

Ohne mich weiter um Mama zu scheren, schlüpfe ich in den kackbraunen Mauerblümchenrock, ziehe dazu mein einziges Glamourstück, eine Kuhfellbluse, an. Mama sagt zwar nichts, aber man sieht ihr an, dass sie mein Outfit nicht gerade zu Begeisterungsstürmen hinreißt. Dann wirft sie mir meine Jeansjacke hin und stelzt vor mir her auf den Flur.

Mama hat sich heute wirklich in Schale geworfen. Sie trägt eine Art Abendkleid, bodenlang und quietschgrün, und geschminkt ist sie, als hätte sie drei Tuschkästen auf einmal verbraucht. Wenn Billi eine Aufführung ihrer Ballettklasse hat, tut Mama immer so, als müsse sie irgendeine Adelige aus „5 unter einem Dach" spielen. Ich finde das so peinlich, dass ich jedes Mal hoffe, wir haben eine Autopanne und können nicht mehr rechtzeitig erscheinen.

Leider kommt mir das blöde Schicksal nie zur Hilfe. Fast immer sind wir auch noch unter den Ersten, und dann muss ich mir angucken, wie Mama mit Sektglas und stolzgeschwellter Brust durchs Foyer wackelt. Wohlgemerkt mit nach auswärts gedrehten Füßen. Alle Welt soll ihr nämlich ansehen, dass sie auch mal was mit Ballett am Hut hatte.

Am Hut haben ist vielleicht der falsche Ausdruck. Mama war früher der Meinung, sie würde so etwas wie eine zweite Pawlowa-Dingsbums werden, aber dann sind Billi und ich dazwischengekommen und sie konnte sich ihre Karriere abschminken. Sagt Großmutter jedenfalls. Mama behauptet hingegen, sie hätte sowieso nie das Zeug zu einer Primaballerina gehabt, und außerdem wäre ihr die Schufterei auch zu anstrengend gewesen. Tagein, tagaus Training, Proben, abends und am Wochenende Vorstellungen... Meine Theorie lautet: Mama würde uns noch heute liebend gern in die Wüste schicken, nur um einmal wie

Billi im Rampenlicht zu stehen. Warum macht sie sonst so ein Trara um Billis Tanzausbildung? Im Ernst: Falls Billi nach Abschluss ihrer Ballettklasse nicht sofort ein großartiges Engagement in Paris, New York oder auf dem Mond ergattert, gibt Mama sich bestimmt die Kugel. Immerhin ist sie dafür verantwortlich, dass Billi nach der zehnten Klasse von der Schule abgegangen ist und gerade dabei ist, so ziemlich zu verblöden.

Als wir rauskommen, veranstaltet Papa schon ein penetrantes Hupkonzert.

„Alle Frauen an Bord!", ruft er und rückt sich seine superteure Designerhornbrille zurecht.

Ich quetsche mich nach hinten neben Großmutter, die sich ihre Haare zur Feier des Tages kürbisfarben gefärbt hat. Sie trägt einen blauschwarz-gemusterten Hosenanzug im Marlene-Dietrich-Stil und Herrenschuhe mit Lochmuster. Also, wenn ich Rentner wäre und im Umkreis von 30 Kilometern leben würde, ich wäre sofort hin und weg von Großmutter. Keine spießige Dauerwelle, keine beigegemusterten Tantenkleider. Großmutter liegt immer im Trend und sieht dabei noch lange nicht so übertrieben aufgebrezelt aus wie meine Mutter.

„Was wird eigentlich getanzt?" Großmutter sieht mich erwartungsvoll an, als ob ich Billis Managerin wäre.

„Wieso fragst du mich? Das Fachpersonal sitzt vorne!"

Großmutter beugt sich vor und zieht Mama spaßeshalber eine Strähne aus ihrer Hochsteckfrisur.

„Lass das!", faucht Mama. Ich glaube, es wäre das Schlimmste für sie, mit einer heraushängenden Haarsträhne zu der Ballettaufführung ihrer Tochter gehen zu müssen. Was für eine grobe Nachlässigkeit!

Großmutter wirft mir einen verschwörerischen Blick zu und wiederholt ihre Frage in Richtung Hochsteckfrisur.

„Vivaldi lebt", antwortet Mama immer noch beleidigt.

Großmutter kichert. „Vivaldi lebt. Was soll das denn heißen?"

„Dass Vivaldi eben lebt!", tönt Papa. Er ist immer ganz versessen darauf, in jeder freien Minute seines Lebens irgendein Scherzchen anzubringen.

„Eine moderne Choreographie von einem ehemaligen Ballettschüler." Mama klingt wie eine Nachrichtensprecherin. „Lassen wir uns überraschen."

Oh Gott! Wie oft habe ich den Satz schon gehört: Lassen wir uns überraschen! Jedes Mal dasselbe. Und wenn ich dann im abgedunkelten Zuschauerraum sitze, kriege ich doch nur wieder Billis tragischen Gesichtsausdruck präsentiert!

Wie ich prophezeit habe, sind wir tatsächlich wieder unter den ersten. Papa will mir netterweise ein Eis spendieren, aber der Marmorkuchen liegt mir immer noch wie ein Betonklotz im Magen. Außerdem verdirbt mir das durch die Bank dürre Ballettpublikum jedes Mal den Appetit.

Ich setze mich im Foyer auf einen Samtsessel und kaue an meinen Fingernägeln. Das ist die beste Art Zeit totzuschlagen. Mama verschwindet auf der Toilette, um einen weiteren Tuschkasten auf ihrem Gesicht zu entleeren, während Großmutter und Papa sich Richtung Sektbar aufmachen. Ihrer Meinung nach ist so eine Ballettaufführung eine klasse Gelegenheit, sich mal wieder einen hinter die Binde zu kippen.

Schlag sieben geht es endlich los. Im Zuschauerraum wird's dunkel, Geigen fiedeln, was das Zeug hält.

Mittlerweile ist mir noch schlechter. Das Süßzeug gärt wie der Teufel in meinem Magen und verlangt zur Verstärkung Currywurst und Pommes oder zumindest eine riesige saure Gurke, aber da von alldem nichts in Reichweite ist, rumpelt und pumpelt es so laut, dass sich ein paar Leute aus der Reihe vor mir schon nach mir umdrehen. Die gerechte Strafe für meine Gefräßigkeit…

Der Vorhang geht auf, wow!, eine ganze Horde wild gewordener Mädchen trampelt in grasgrünen Marsmännchenanzügen auf die Bühne. Unter ihnen meine Schwester. Ich erkenne sie sofort, weil sie sich als Megastar ihrer Klasse aus der Gruppe löst und vorne an der Bühne herumstampft. Natürlich mit tragischem Gesichtsausdruck.

Ich langweile mich zu Tode. Da finde ich ja „Schwanensee" oder „Romeo und Julia" noch besser, wo es wenigstens eine richtige Story gibt! Aber so ein nichts sagendes Gehampel bringt doch die stärkste Frau zum Einschlafen!

Gott sei Dank wird in der zweiten Szene nicht mehr getrampelt. Billi trägt ein flattriges Flügelkleidchen und tanzt barfuß mit einem dunkelhaarigen Typen ein Pas de Deux. Das sieht ganz anständig aus, zumal der Typ wirklich süß ist. Eine durchtrainierte Figur und längere, blonde Haare, die bei jeder Bewegung um seinen Kopf flattern. Nach einer Stunde und zehn Minuten ist der Spuk vorüber. Meine Schwester steht strahlend und aus dem letzten Loch pfeifend am Bühnenrand und heimst Applaus ein.

Ich finde klatschen albern. Man muss sich nur vorstellen, da sitzt ein ganzer Haufen Erwachsener und schlägt wie auf Kommando die Handflächen aufeinander. Genauso gut könnte man im Chor mit der Zunge schnalzen oder sich auf die Wangen klopfen. Aber na ja... Meiner Schwester scheint es jedenfalls zu gefallen.

Mama ist völlig aus dem Häuschen. Sie klebt der Frau in der Reihe vor ihr fast in den Haaren und donnert ihre Hände gegeneinander, als gelte es, ganz besonders hartnäckige Bakterien auf der Haut zu töten. Großmutter und Papa sind zwar auch schwer begeistert und stolz und weiß der Himmel was, aber sie führen sich immerhin nicht so affig auf.

Danach ist Sektparty angesagt. Das ist immer der gräßlichste Teil der Veranstaltung. Papa und Großmutter bepicheln sich und umringen Billi, während Mama vor Glück über ihren geratenen Erst-Nachwuchs nur noch versonnen vor sich hin lächelt. Ich bin dann ausgeblendet. Einfach weggebeamt. Genauso gut könnte ich jetzt auf einer Eisscholle am Südpol hocken und keiner würde es bemerken.

Um nicht völlig vor Langeweile zu verenden, vertreibe ich mir die Zeit damit, nach dem schönen Tanzpartner meiner Schwester Ausschau zu halten. Er steht in einer Gruppe ältlicher Tanten, die wahrscheinlich zu seiner Familie gehören, und trinkt Cola. In so einen könnte ich mich glatt verlieben. Aber leider weiß ich, dass ich bei einem von seiner Sorte sowieso keine Chancen hätte! Typen wie er stehen auf dünne, grazile Balletteusen, wenn sie denn überhaupt auf Mädchen stehen...

Plötzlich habe ich einen dicken Schmatzer im Nacken. Angewidert drehe ich mich um und schaue in das lachende Gesicht meiner Schwester, das ungeschminkt auch nicht so genial aussieht.

„Na? Wie hat's dir gefallen?"

„Och, war ganz okay...", murmele ich. „Du warst wirklich gut." Ich bin einfach nicht in der Lage, wahrheitsgemäß zu antworten. Und meine Schwester würde es sowieso als Neid meinerseits auslegen.

„Nachher steigt noch eine Tanzparty. Wär schön, wenn du mitkommst." Billi hebt ihr Sektglas und guckt blasiert, so wie das manchmal die Diven in alten Hollywoodfilmen tun.

„Nö. Danke." Sie kann sich doch wohl vorstellen, dass ich als Schwesterntrampel so was von fehl am Platz wäre.

„Ach, komm! Paps und Mum kriege ich locker rum!"

„Ich will aber nicht!", maule ich und stelle mir vor, wie es wäre, ungelenk auf einer Balletteusenparty herumzustehen. Tanzen könnte ich nicht – Gott, wie blamabel! – und reden würde auch keiner mit mir. Was ist an einem vierzehnjährigen Dickerchen, das immerhin gut in der Schule ist, schon Interessantes dran?

„Dann eben nicht!", Billi zieht beleidigt ab, dreht sich aber noch einmal um. „Weißt du, dass du manchmal eine ganz schöne Zicke bist?"

Klar bin ich das! Zickig, langweilig und etwas minderbemittelt. Das ist doch, was alle denken!

Ohne mich noch weiter um den süßen Tänzer, meine begabte Schwester und sonstige Verwandtschaft zu kümmern, verlasse ich das Schlachtfeld.

Kaum bin ich zu Hause, bimmelt das Telefon.

Mama ist dran. Völlig hysterischer Tonfall. Wie ich denn dazu käme, ihnen so einen Schrecken einzujagen!

„Mama, ich bin vierzehn! Ich fahre jeden Tag mit dem Bus durch die Gegend. Wo liegt das Problem?"

„Das kann ich dir genau sagen!" Mamas Stimme überschlägt sich fast. „Erstens hast du es nicht für nötig befunden, uns mal Bescheid zu sagen, und zweitens ist es fast zehn Uhr!"

„Eben. Deshalb ziehe ich jetzt auch meinen Schlafanzug an und gehe zu Bett!" Ich mag keinen Familienstreit. Und am Telefon schon gar nicht.

Mama keift noch eine Weile weiter, im Hintergrund höre ich Papa und Großmutter beschwichtigend auf sie einreden, Geraschel, dann ist Großmutter dran.

„Hauptsache, dir ist nichts passiert", sagt sie.

Endlich mal ein vernünftiges Wort.

„Trotzdem solltest du so etwas nicht noch einmal tun, verstanden?"

„Klar, Omamuttchen."

Dann lege ich auf. Es ist mir ein Rätsel, wie bei Großmutters besonnener Art so eine panische Keiftante wie meine Mama entstehen konnte.

2

54 1/2 Kilo. Das ist wirklich der Gipfel! Hätte ich gestern nur nicht so viel gefressen, aber was passiert ist, ist passiert. Zum Ausgleich kriege ich wenigstens eine Eins in Geographie zurück. Und zwar als Einzige in unserer Klasse! Ich atme erstmal tief durch, bevor ich anfange zu glauben, dass es auch tatsächlich stimmt. Die Klassenarbeit war nämlich himmelschreiend schwer, übers Ozonloch und so. Eigentlich kann das mit der Eins gar nicht stimmen. Weil ich normalerweise kein Geographie-As bin, auch wenn ich mich diesmal wirklich ins Zeug gelegt habe. Aber so oft ich auch auf die letzte Seite meiner drei Zettel gucke, es bleibt dabei: Ich habe eine dicke, fette und unglaublich rot geschriebene Eins!

Julie Brown sieht mich ziemlich ungnädig von der Seite an, was ich durchaus verstehen kann, weil sie normalerweise diejenige ist, die in Geo die Einsen einheimst. Aber diesmal hat sie nur eine Drei. Triumph! Triumph! Schadenfroh grinse ich in mich rein. Wenn ich ehrlich bin, geschieht Julie Brown dieser kleine Dämpfer nur recht. Schließlich hat sie mit diesem affigen Konkurrenzkampf angefangen. Wer den besten Notendurchschnitt hat und so. Natürlich war sie sich hundertprozentig sicher, dass sie als klare Siegerin hervorgehen würde, sonst hätte sie den Kram gleich bleibenlassen. Julie Brown ist nämlich in einigen Fächern sozusagen von Natur aus besser. Mit einem Amerikaner als Vater spricht sie natürlich perfekt Englisch und in Musik ist sie ein As, weil sie seit ihrem fünften Lebensjahr Geige spielt.

Aber jetzt hat deine Stunde geschlagen, Julie Brown, jetzt kommt die Stunde der Wahrheit und der Rache.

Da klingelt es. Unterrichtsschluss. Arrogant hebe ich eine Augenbraue, wie ich es mir bei Billi abgeguckt habe, und stolziere mit meiner neuen Leinenschultasche nach draußen. Der Babyranzen ist schon seit Ewigkeiten ausrangiert. Ich könnte mich über Julies Tournisterding kaputtlachen. Häßlich buntgemustert und mit idiotischen Boygroupaufklebern zugepappt!

Schnell zur Bushaltestelle. Ich kann es gar nicht erwarten, Mama meine Eins zu zeigen.

Schon als ich in den Hausflur komme, rieche ich, dass Mama heute mein Lieblingsessen gekocht hat: Tomatensuppe! Für Tomatensuppe würde ich über Leichen gehen. Ich esse dann meistens so viele Teller, dass ich nicht gerade platze.

„Ne Eins in Geo!", rufe ich Mama entgegen, als sie die Tür öffnet. „Ist das nicht der Wahnsinn? Die einzige Eins in der Klasse!"

„Fein." Mama grinst und streicht mir flüchtig über die Haare. Dann geht sie vor in die Küche, um uns aufzufüllen.

„Was für ein Glück, dass ich vorsichtshalber Tomatensuppe gekocht habe", sagt sie.

Ich nehme die Klassenarbeit aus meiner Leinentasche und lege sie auf den Küchentisch. Aber Mama blättert sie nur kurz durch, „Ganz toll", sagt sie dann und fängt an zu essen. Mehr nicht.

Okay, ich erwarte ja nicht, dass sie meine Arbeit Wort für Wort durchliest und kommentiert, aber ein bisschen mehr Anteilnahme hätte ich schon erwartet. Kaum hat Mama ihren Teller geleert, schiebt sie mir das Tagesblatt rüber. Ich fasse es nicht! Ein dicker, fetter Artikel über die gestrige Ballettaufführung. Jetzt wird Mama plötzlich gesprächig. Billi sei zweimal namentlich erwähnt, schwarz auf weiß stünde da, ihr stehe eine große Karriere bevor... Wie wunderbar, dass ich so ein Genie von Schwester habe!

Was soll ich schon dazu sagen? Lieber fülle ich mir noch einen Teller Suppe auf und noch einen, und irgendwann habe ich wirklich das Gefühl platzen zu müssen. Schluss mit Essen. Ich schnappe mir meine Klassenarbeit und gehe raus.

„Nina?", ruft Mama mir nach.

„Was denn?" Wehe, jetzt kommt noch eine Strafpredigt wegen gestern, aber Mama lächelt und sagt, dass sie sehr stolz auf ihre kluge Tochter sei.

Mein Zimmer ist der einzige Ort auf der Welt, an dem ich mich einfach klasse fühle. Zum Glück hat meine Sippschaft davon abgesehen, sich in die Gestaltung einzumischen, dafür bin ich auch für alles selbst verantwortlich. Ich meine, aufräumen und putzen und so.

Letztes Jahr habe ich die Wand, an der mein Bett steht, eidottergelb gestrichen, die gegenüberliegende Wand himmelblau. Billi findet es immer noch entsetzlich – ihr Zimmer ist die reinste Plüschbude mit rosa Schleifchen und Ballettpostern an den Wänden –, aber von Mama über Papa bis hin zu Großmutter sind alle schwer begeistert. Ansonsten gibt's nichts Spektakuläres in meiner Bude: ein kleiner Holztisch, an dem ich Schularbeiten mache, ein blau-weiß gestreifter Stoffschrank mit Reißverschluss, ein roter Plastikstuhl (für Gäste) und natürlich mein Bett, auf das ich tagsüber einen weißen Tüllstoff drapiere, so dass es aussieht, als wolle das Ding bald heiraten.

Meine neueste Errungenschaft ist ein Minifernseher. Mama und Papa sind zwar im Grunde dagegen, dass ich eine eigene Glotze habe, aber da ich seit einiger Zeit jeden Abend die Serie „5 unter einem Dach" schaue, haben sie doch in den sauren Apfel gebissen und mir zum Geburtstag so ein Teil in Miniformat gekauft. Dem Himmel sei Dank! Denn „5 unter einem Dach" in Anwesenheit der Eltern zu gukken, ist die reinste Strafe. Ständig palavern sie dazwischen oder lästern über die Schauspieler oder die Dialoge.

Dabei haben sie einfach keine Ahnung. Serien sind das Einzige, worauf man sich verlassen kann. Wie das Amen in der Kirche sind alle Mitspieler jeden Abend bei mir im Wohnzimmer versammelt, aber sie machen mich nicht fertig und mischen sich auch nicht in mein Leben ein, sie sind einfach da, und das ist fantastisch.

Am liebsten habe ich Fanny. Fanny sieht aus wie eine Göttin. Sie trägt ihre kupferroten Haare kinnlang und hat ihre schmalen Augen immer schwarz mit Kajal umrandet. Sphinxhaft. Geheimnisvoll. Und dann ihre tolle Figur. Groß und dünn mit meterlangen Beinen, die meistens in hautengen Stretchhosen stecken. Ich gäbe einiges drum, nur mal einen Tag lang wie Fanny auszusehen.

Heute mache ich mich gut gelaunt an die Hausaufgaben, auch wenn es Mama so ziemlich wurscht ist, ob ich Einsen, Dreien oder Vieren schreibe. Dann ackere ich eben nur für mich alleine. Meine Family wird mir schon zu Füßen liegen, wenn ich eines Tages erst mein Einserabi in der Tasche habe! Arme Billi, kann ich da nur sagen. Ihre Glanzzeiten sind schneller vorbei als sie sich umgucken kann, und dann versauert sie als Kartenabreißerin in einem Nullachtfuffzehn-Theater, während ich den Nobelpreis in irgendwas gewinne…

Mathe, Bio, Englisch – zwei Stunden kritzele ich in mein Heft, danach bequeme ich mich in die Küche, um mir was Leckeres zu holen.

Mama sitzt am Tisch und klebt Fotos in ein Album.

„Na? Fertig mit den Hausaufgaben?", fragt sie und lächelt mich aus ungeschminkten Augen an. Im Gegensatz zu Billi sieht sie nicht angepinselt um Klassen besser aus.

Ich nicke und gehe an den Schrank, in dem es meistens eine Tüte Kekse oder so gibt.

„Triffst du dich noch mit jemandem?", fragt sie weiter. „Mit Julie?"

„Wieso denn mit Julie?"

„Ich dachte, ihr seid befreundet."

„Na ja", sage ich nur und lasse mich auf keine weitere Diskussion ein. Julie Brown und meine Freundin! Nur weil ich einmal mit ihr im Kino war! Eher freunde ich mich mit einem Rasenmäher an.

Mama nervt zum Glück nicht weiter rum, aber als ich mit ein paar Plätzchen auf dem Teller rausgehen will, hält sie mich zurück.

„Setz dich doch grad mal", sagt sie.

Ich gucke sie irritiert an und bleibe wie Pieksieben im Türrahmen stehen.

„Nina, das hört sich jetzt vielleicht blöd an, aber..." Mama pult an ihren Nägeln herum, dann rückt sie endlich mit der Sprache raus. „Ich finde es merkwürdig, dass du so gar keine Freundin hast. Als ich in deinem Alter war..."

„Ich habe Freundinnen", unterbreche ich Mama. In meinem Magen fängt es auf einmal wie wild an zu brennen und zu stechen.

„Ich meine aber eine beste Freundin."

„Mama! Ich vermisse nichts. Ehrlich!"

Mama leckt hektisch an einer Fotoecke. „Aber wenn du wüsstest, wie es ist, würdest du vielleicht eine Freundin vermissen."

„Wenn, wenn, wenn! Wenn ich dreihundert Kilo wiegen würde, würde ich jetzt durch den Fußboden brechen und unseren Nachbarn auf den Kopf fallen!"

Mit diesen Worten marschiere ich ab. Mama kann mich mal mit ihrem Gelaber. Nur weil sie damals mit ihrer besten Freundin Hildegard durch dick und dünn gegangen ist und unheimlich lustige und freche Jungmädchenstreiche gemacht hat, muss ich ja nicht das Gleiche tun. Meistens bin ich schon froh, wenn ich mich einfach auf dem Bett ausstrecken und die himmelblaue Wand anstarren kann. Just for fun.

Kurz vor sechs hole ich mir eine zweite Ladung Kekse, schlüpfe in eine bequeme Gymnastikhose und stelle den Fernseher an. Nur noch drei Minuten, bis „5 unter einem Dach" anfängt. Das ist immer der schönste Augenblick des Tages: Wenn ich weiß, gleich geht es los, eine halbe Stunde Alltag-Ausblenden liegt vor mir!

Die heutige Folge beginnt damit, dass die fünf Mädels aus der Wohngemeinschaft – Betty, Clau, Anna, Selma und natürlich Fanny – am Frühstückstisch sitzen und darüber spekulieren, ob der Hausbesitzer die Riesenwohnung tatsächlich für sich selbst haben will und die Mädels eiskalt rausschmeißen wird. Das wäre natürlich furchtbar, weil sie erstens nicht so schnell wieder eine Wohnung mit fünf Zimmern finden würden, und falls doch, wäre sie wahrscheinlich unbezahlbar. Anna schlägt vor, man könnte sich ja notfalls auch trennen oder zwei Wohnungen in einem Haus anmieten, aber der Rest der Mannschaft ist entschieden dagegen. Was ich nur zu gut verstehen kann. Ich fände es auch übel, wenn die Wohngemeinschaft auseinander ziehen müsste.

Ansonsten bahnt sich in dieser Folge ein Techtelmechtel zwischen Fanny und ihrem Fitnesstrainer Rolf an. Fanny geht ins Studio – natürlich in einem superengen, supergrünen und bauchfreien Sportdress, der ihre schmalen Hüften und ihren knackigen Po betont, setzt sich aufs Trimmrad, und dann kommt Rolf rein und fragt sie ganz harmlos, ob er ihr mal eine neue Übung für die Bauchmuskeln zeigen soll. Na klar will Fanny die Übung kennen lernen. Na klar will sie ihren eh schon platten Muskelbauch noch platter und noch muskulöser trainieren. Sie legt sich also auf eine Matte und Rolf grabbelt an ihr rum und sagt, nö, so nicht, ein bisschen höher das Becken und die Pobacken einziehen und so weiter, und ich denke, gleich küssen sich die beiden, aber da wird auf die Wohngemeinschaft umgeschaltet. Wie gemein! Der öde Hausbesitzer hockt mit den vier restlichen Mädels um den Tisch und verklickert ihnen, daß er die Wohnung auf jeden Fall für sich will. Das ist ja nun wirklich der Gipfel! Wie kann er nur...

Zum Glück kriegen wir noch einmal das Fitnessstudio zu sehen. Fanny weiß natürlich noch nichts von der Sache mit der Wohnung, aber dafür zeigt Rolf ihr gerade eine wahnsinnig effektive Übung für den Trizeps, Fanny lacht so ziemlich affektiert und dann beugt sich Rolf tatsächlich vor und küsst Fanny. Schluss, aus, Ende, Titelmusik und Abspann.

Na ja... Ich finde es ja grundsätzlich okay, dass Fanny sich einen Typen anlacht, aber muss es denn ausgerechnet dieser blöde Muskel-Rolf mit dem kleinen Kopf und den Segelohren sein? Gibt es für eine Göttin wie Fanny nicht wenigstens einen richtigen Gott?

Ich will gerade die Kiste ausschalten, als es an die Tür klopft.

„Ja?"

Papa kommt rein, zerwuselt meine Haare und drückt mir ein Fünfmarkstück in die Hand.

„Für die Eins", sagt er und ich denke, wenigstens einer, der es zu schätzen weiß, dass ich klug bin. Papa lächelt. „Mach nur weiter so."

Ich grinse verlegen. „Logisch. Was glaubst denn du?"

Papa ist schon wieder halb aus der Tür. „Ich muss noch mal in die Kanzlei", sagt er.

„Och nö... Wir wollten doch alle zusammen Abendbrot essen."

„Geht heute leider nicht."

Wie blöd. Immer ist mein Vater am Schuften. Morgens, mittags, abends, von Zeit zu Zeit sogar nachts. Manchmal wünschte ich ihn mir als Verstärkung an meiner Seite, um das Billi-Mama-Gespann besser zu ertragen.

Papa lächelt, dann kommt er noch mal zurück, um mir einen Schmatzer aufzudrücken. „Bis später. Mein Pummelchen."

Schon ist er draußen – ich kippe fast hintenüber.

Pummelchen! So etwas hat er noch nie zu mir gesagt! Ich schaue an mir runter, sehe zwei Wurstbeine in der Pelle, den leergefutterten Keksteller – Papa hat recht! Papa hat absolut recht! Ich bin verdammt noch mal ein dickes, fettes Pummelchen, kein zartes Wesen wie Billi, keine schlanke Göttin wie Fanny, ich bin ein Koloss – das ist die bittere Wahrheit! In einem Anfall von Wut fege ich den Keksteller vom Bett, so dass jetzt der ganze Teppichboden voller Krümel ist. Mir doch egal! Das Pummelchen wird bestimmt nicht aufstehen und den Teppich sauber machen. Das Pummelchen will mit Keksen und Schokolade, mit Bonbons und Hamburgern nämlich nichts mehr zu tun haben! Das Pummelchen wird ab sofort nur noch Grünfutter essen und kalorienreduziertes Wasser trinken.

Wütend zertrete ich die Krümel auf dem Teppich und werfe mich aufs Bett, um eine Runde zu heulen.

3

Fast 55 Kilo. Himmel noch mal, ist das Leben ungerecht! Es gibt Bohnenstangen wie Billi, die futtern sich dumm und dämlich und bleiben trotzdem Bohnenstangen. Dann wiederum gibt es Möpse wie mich, die schon beim Anblick einer Kekstüte dick werden. Und was das Allerschlimmste ist: Es gibt Väter, die einen bereits seit hunderten von Jahren zu fett finden, aber nie einen Ton sagen, und plötzlich kommt es so ganz nebenbei raus. Ich wünschte, Papa wäre früher ehrlicher zu mir gewesen. Und dann dieses verlogene Pummelchen-Gesäusel! Kann er mir nicht gleich knallhart mitteilen, dass ich für ihn nichts weiter als eine fette Kuh bin? Kein Wunder, dass ich noch keinen Freund habe – das ist es doch, was er in Wirklichkeit sagen wollte. Mädchen wie ich bleiben eben immer auf der Strecke…

Als Mama mich schließlich zum Abendbrot ruft, habe ich mich wieder einigermaßen beruhigt. Zumindest muss ich nicht mehr heulen. Und etwas Gutes hat Papas Ausrutscher immerhin: Der Appetit ist mir restlos vergangen.

„Warum isst du nichts?", fragt Mama erstaunt, aber ich schlürfe nur meinen Tee und überlege mir, wie ich es am besten schaffen kann abzunehmen.

Wenn ich gar nichts mehr esse, werde ich vielleicht ohnmächtig – das wäre nicht gerade vorteilhaft. Süßigkeiten weglassen – okay. Aber nach einem Teller mit Kartoffeln, Gemüse und einer Frikadelle schreit mein Magen förmlich nach Schokolade. FdH – Friss die Hälfte – kommt auch nicht in Frage. Habe ich erstmal mit dem Futtern angefangen, kann ich nicht mehr so schnell wieder aufhören. Und bei einer richtigen Diät aus einer Zeitschrift würde Mama sicherlich streiken.

Ich schnappe mir ein Stück Salatgurke, eine halbe Scheibe Käse und verziehe mich in mein Zimmer. Dort stelle ich eine Liste auf.

1. Nur noch Sachen essen, die wenig Kalorien haben und keine Lust auf mehr machen. Zum Beispiel:
   - Salatgurke
   - Rohe Möhren
   - Knäckebrot
   - Magerquark
   - Saure Äpfel
   - Wassermelone
   - Zuckerfreien Pfefferminz

2. Möglichst ab sechs Uhr abends nichts mehr essen
3. Viel Sport machen (wieder in den Sportverein eintreten?)
4. Nicht neidisch werden, wenn andere essen
5. Beim Mittagessen nur das Gemüse rauspicken
6. Um Bäckereien einen großen Bogen machen
7. Um Supermärkte einen großen Bogen machen
8. Kalorientabelle besorgen
9. Kalorien auswendig lernen
10. Niemandem was von meiner Diät erzählen

Punkt zehn ist der wichtigste. Kein Mensch auf dieser Welt, nicht ein einziger, darf mitkriegen, dass ich abnehmen will. Und besonders nicht Mama, sonst wird sie mir garantiert einen Strich durch die Rechnung machen.

Ich falte das Blatt Papier zusammen und verschließe es in meinem Schreibtisch. Jetzt geht es mir schon erheblich besser.

Einen Plan zu haben, ist die halbe Miete.

Fast gut gelaunt laufe ich zu Großmutter rauf. Großmutter wohnt im selben Haus wie wir, hat im vierten Stock eine Zweizimmerwohnung. Ich klingele Sturm, aber niemand öffnet. Schließlich donnere ich mit der Faust an die Tür. Manchmal habe ich den Eindruck, dass Großmutter schon ein wenig schwerhörig ist.

„Bin hi – er!", tönt es plötzlich von oben.

Mit zwei, drei Sätzen laufe ich auf den Dachboden. Großmutter hat sich in ihrem Verschlag eine Art kleines Atelier eingerichtet, wo sie riesige Bilder in Öl malt, die sie dann ans Altersheim verscherbelt. Wobei ich mir nicht ganz sicher bin, ob die Leute dort überhaupt was mit ihren Bildern anfangen können. Meistens sind nur kreischige Farbkleckse drauf und das Ganze heißt dann „Rausch am Frühstückstisch" oder „Banane in der Badewanne".

Heute malt sie eine alte nackte Frau mit hängenden Brüsten.

Großmutter tritt einen Meter zurück und hält den Kopf schief.

„Wie findest du es?"

„Ganz schön", sage ich, „aber die Frau ist hässlich."

„So sieht man nun mal aus, wenn man älter wird." Großmutter lacht.

Oh Gott, denke ich. Wenn ich jetzt schon Probleme mit meinem Körper habe, wie soll das erst werden, wenn ich so alt wie die Frau auf dem Gemälde bin?

„Wer soll das sein?", frage ich.

„Na, ich!" Großmutter strahlt mich an, als hätte ich ihr gerade gesagt, sie sähe aus wie Kim Basinger mit 20. Ziemlich peinlich, aber immerhin weiß ich, dass sie es mir nicht übel nimmt. Denn das ist das Tolle an Großmutter: Genauso wie sie immer geradeheraus ist, dürfen es auch die anderen sein.

„Ich glaube, hier sollte noch ein wenig Farbe hin", meint Großmutter und klatscht ihrem Ebenbild etwas Grünes ins Gesicht. Jetzt sieht die Frau aus, als sei ihr auch noch kotzübel.

„Und du meinst, die alten Leute wollen eine Nackte mit grünem Klecks im Gesicht sehen?", frage ich vorsichtig.

„Was schert mich das? Kunst ist Kunst, und wenn das Altenheim mein Bild nicht möchte... - vielleicht geht es ja nach New York und wird für 20.000 Mark verkauft." Großmutter legt die Palette auf einen Hocker und wischt ihren Pinsel in einem Lappen ab. „Auf meine alten Tage noch mal reich werden - das wäre doch eine feine Sache."

„Was würdest du mit all dem Geld anfangen?"

Großmutter überlegt. „Meinen Enkelinnen was Schönes kaufen und... Na ja, ein paar Reisen unternehmen."

„Afrika?", frage ich. Ich weiß, dass Oma total auf Afrika abfährt. Ihre ganze Bude ist gerammelt voll mit nordafrikanischem Kunsthandwerk.

„Klar, Afrika. Aber auch Japan. Hm... London. Barcelona, die Ostsee - es gibt tausend Orte!"

Großmutter wirft einen letzten Blick auf ihr Gemälde. „Was meinst du? Gemütlicher Fernsehabend in meiner Wohnung?"

Ich nicke. Vielleicht klingt das merkwürdig, aber mit Großmutter verstehe ich mich in der Regel besser als mit meinen Klassenkameradinnen.

Fünf Minuten später sitze ich auf Großmutters hartem Antiquitätensofa - der einzige Nachteil an ihrer Wohnung - und zappe mich durch die Kanäle. Irgendwie scheint überhaupt nichts zu laufen, was einen gemütlichen Fernsehabend verspricht.

„Bin gleich da!", flötet Großmutter aus der Küche. Wenig später kommt sie ins Wohnzimmer - immer noch in dreckigen Malerklamotten - und stellt mir einen Teller mit leckeren Camemberthäppchen vor die Nase. Ich gucke sie nur kurz an, merke, wie mir das Wasser im Mund zusammenläuft. Camembert ist mein absoluter Lieblingskäse. Für Camembert würde ich sogar Tomatensuppe stehen lassen.

„Greif zu, ich ziehe mich nur schnell um." Schon ist Großmutter wieder aus dem Raum.

Himmel noch mal, das Leben meint es wirklich nicht gut mit mir! Gerade habe ich mir vorgenommen abzuspecken, und jetzt hocke ich hier – hilflos meinen Lieblingskalorienbomben ausgeliefert.

Nein, ich esse nichts, ausgeschlossen! Und wenn der Camembert gleich vor meiner Nase Cancan tanzt!

Ich setze mich in die äußerste Ecke des Sofas, möglichst weit weg von den Leckereien und schaue stur auf den Fernseher, wo sich zwei Brillenschlangen im Bademantel gerade so heftig küssen, dass ihre Gestelle gegeneinander krachen. Programmwechsel. Eine Kochsendung. Das kann ich jetzt wirklich nicht verkraften, also schalte ich zurück auf die Kusswütigen. Mittlerweile sind sie dazu übergegangen, sich Richtung Badewanne zu begeben, wo bereits ein tolles Schaumbad auf sie wartet.

Ich riskiere einen Blick auf die Häppchen. Sie sehen noch genauso lecker aus wie vor drei Minuten. Wären sie doch bloß schon verschimmelt! Ich beuge mich vor und schnuppere daran, als Großmutter mit einer Flasche Rotwein und einem Glas Orangensaft zurückkommt.

„Bedien dich doch!", sagt sie fröhlich, und während sie sich einschenkt, fügt sie hinzu: „Schon einen Film ausgesucht?"

„Läuft nichts."

Großmutter setzt sich neben mich und studiert die Programmzeitschrift.

„Wie wär's mit einer Reportage über Herzinfarkte?", fragt sie über den Rand ihrer Lesebrille hinweg.

„Bloß nicht!"

„Na gut." Mit der Fernbedienung schaltet sie den Fernseher aus. „Dann werden wir uns eben so amüsieren müssen." Großmutter deutet mit dem Kopf auf das Glas Orangensaft und prostet mir mit ihrem Wein zu.

Wie viel Kalorien hat Orangensaft?, überlege ich in einem Anflug von Panik, während ich einen winzigen Schluck nehme. 100? 200? Warum habe ich bloß noch keine Kalorientabelle? So kann das ja nichts mit mir werden!

„Magst du nicht?" Großmutter langt auf den Häppchenteller und fängt mit großem Appetit an zu essen.

„Ich hab mich beim Abendbrot total voll gestopft", sage ich und starre auf die Bongo rechts neben dem Sofa. Eigentlich hat Großmutter es nicht verdient, dass ich sie anlüge, aber ich weiß mir eben nicht anders zu helfen.

„Billi nicht zu Hause?", fragt sie weiter.

„Nö. Die probt neuerdings auch abends."

„Ist nicht leicht für dich, mh?"

„Wie...?"

Ich setze mich aufrecht und sehe Großmutter an. Mir doch egal, ob Billi auch noch abends tanzt. Und wenn sie es die ganze Nacht lang täte!

„Dass Billi jetzt so erfolgreich ist, meine ich." Großmutter setzt ihr Glas ab und klemmt sich eine Haarsträhne hinters Ohr.

„Quatsch", sage ich und lange einfach so nach einem Camembert-Häppchen. Zu blöd, dass es nicht mal so gut schmeckt, wie ich erwartet habe.

„Ich weiß, dass Sabine jetzt nur noch Billi und das Ballett im Kopf hat, aber das hat nichts zu bedeuten..."

Nein. Hat es nicht. Und dass sich meine Mutter überhaupt nicht für meine Eins in Geographie interessiert, hat auch nichts zu bedeuten. Schwupps – landet ein zweites Camemberthäppchen in meinem Mund, dann ein drittes und schließlich ein viertes. Ich kaue mit vollen Backen, es schmeckt, und während ich nach einem weiteren Happen greife, denke ich noch, ist doch total wurscht, wie deine Figur aussieht, an Billi werde ich sowieso nie rankommen.

„Soll ich dir was verraten?" Großmutter legt ihre Stirn in Falten und schnappt sich auch ein Stückchen Käse. Wahrscheinlich hat sie Angst, dass ich ihr noch alles wegfresse. „Nicht dass du denkst, ich habe die Tanzbegeisterung deiner Mutter damals gutgeheißen..."

„Ach, echt nicht?", frage ich erstaunt. Und ich war immer der Meinung, Ballett sei in unserer Familie so etwas wie ein Heiligtum.

Großmutter schüttelt eine ganze Weile den Kopf. Dann guckt sie mich etwas verwirrt an, als wäre sie gerade aus einem merkwürdigen Traum aufgewacht.

„Dass Billi Tänzerin wird, gefällt mir genauso wenig."

Jetzt bin ich wirklich baff. „Und warum nicht?" Der vorletzte Camembert-Happen verschwindet in meinem gierigen Schlund.

„Es gibt viele Gründe." Großmutter schenkt sich noch Wein nach und schiebt mir die Orangensaftflasche rüber. „Weißt du, diese Schinderei, tagein, tagaus – wofür das alles? Einmal im Rampenlicht stehen, schön und gut, aber mit dreißig ist die Karriere zu Ende und der Körper ausgelaugt."

Mein Reden! Aber wenn Billi sich für das bisschen Applaus kaputtmachen will, bitte schön!

„Und wieso verbietet ihr es ihr nicht einfach?", frage ich. Eine klasse Vorstellung. Billi würde zwar einen Monat lang nonstop heulen, aber danach wäre das Thema Spitzenschuhe und rosa Plüschzimmer wahrscheinlich ein für alle Mal vom Tisch.

Großmutter lächelt. „Jeder muss seine Erfahrungen machen, Nina. Seinen eigenen Weg gehen. Stell dir nur mal vor, ich würde dir verbieten, diesen Camembert hier zu essen. Dann würdest du doch sofort in die Küche laufen und dir trotzig den ganzen Rest in den Mund stopfen."

Wie Recht Großmutter hat! Am liebsten würde ich das jetzt wirklich tun. Da ich nun schon mal am Futtern bin...

Übellaunig greife ich nach der Fernbedienung und schalte den Fernseher wieder ein. Wie es der Zufall will, läuft gerade eine Reportage über eine Moskauer Ballettschule. Großmutter guckt sogleich interessiert auf den Bildschirm. So völlig egal scheint ihr Ballett wohl doch nicht zu sein. Ohne noch ein weiteres Wort zu reden, schauen wir uns die Reportage brav bis zu Ende an. Ich muss gestehen, dass mich die Geschichte dieses Mädchens, das mit seinen drei Geschwistern, den Eltern und der Großtante in einer Dreizimmerwohnung lebt und alles dransetzt, einmal Tänzerin zu werden, doch sehr beeindruckt.

Dann ist es zehn. Zeit, endlich runterzugehen. Großmutter gibt mir einen Gutenachtkuss und fragt mich, ob ich Lust hätte, in den nächsten Tagen mit ihr ins Altenheim zu fahren, wo sie einen Termin bei der Geschäftsleitung hat.

„Mal sehen", sage ich und schleiche mich irgendwie deprimiert in unsere Wohnung. Aus Billis Zimmer tönt leises Klaviergedudel. Wahrscheinlich beschließt sie ihren Tag mit ein paar eleganten Stretchingübungen.

Als ich in mein Zimmer komme und ich noch einmal den Diätzettel aus meiner Schreibtischschublade hole, bin ich nicht nur deprimiert, sondern geradezu verzweifelt. Erst ein paar Stunden ist es her, dass ich meinen Plan gefasst habe, und schon bin ich rückfällig geworden! Morgen muss alles anders werden.

4

Immer noch 54 1/2 Kilo – daran ist nichts zu rütteln. Der Camembert – natürlich... Ich stehe bei Brenneke an einem der Stehtische, trinke eine Tasse Kaffee und blättere eine Modezeitschrift durch. Die ersten beiden Stunden Deutsch bei Frau Brückner fallen aus, was mir sehr entgegenkommt. Mode für Mütter mit Kind, Langhaarfrisuren... interessiert mich nicht so brennend, aber dann stoße ich auf eine Kalorientabelle zum Heraustrennen. Wow! – eigentlich könnte ich sie doch eben mal schnell einstecken.

Zum Glück schauen die Kaffeeverkäuferinnen gerade nicht hin, als ich kurz entschlossen meine Schultasche öffne und das kleine Heftchen hineingleiten lasse. Immerhin ein Anfang – der Anfang eines neuen Lebens?

Die restlichen vier Stunden Unterricht werden heute für mich zur Strapaze. Weil ich einerseits aufpassen muss, andererseits aber viel lieber in der Tabelle lesen will. Ich bin ziemlich neugierig, wie viele Kalorien zum Beispiel eine Banane hat, ein Apfel, ein Riegel Schokolade...

In der zweiten großen Pause schließe ich mich im Klo ein und vertiefe mich ins Heftchen. Das hat gleich zwei Vorteile: Ich lerne etwas dazu und komme dabei nicht auf die Idee, das Pausenbrot aufzufuttern, das Mama dick mit Gorgonzola belegt hat. Leider muss ich es nach der sechsten Stunde in den Müll werfen, tut mir Leid, liebes Brot, aber Vorsätze sind nun mal Vorsätze. So eine Schlappe wie gestern möchte ich nicht noch einmal erleben.

Zwar habe ich Mama versprochen, pünktlich zum Mittagessen zu erscheinen, aber die Vorstellung, dass es heute Nudeln in Lachssahnesoße gibt – mein Lieblingsgericht Nummer zwei! – lässt mir den kalten Schweiß ausbrechen. Und schon habe ich einen anderen Plan. In der Hoffnung, dass noch Einheiten auf meiner Telefonkarte sind, laufe ich in die nächste Zelle.

Schnauf – Glück gehabt!

„Mama?", sage ich atemlos in den Hörer.

„Ist was passiert?"

„Nein! Du, ich stehe hier gerade mit ein paar Mädels aus meiner Klasse, wir wollen noch Hamburger essen gehen und danach..."

„Hast du Geld dabei?", redet Mama dazwischen.

„Ja! Und später schaue ich noch beim Sportverein vorbei. Mal sehen, was da so läuft."

„Aber wieso, ich dachte…"

„Eigentlich würde ich ganz gerne wieder eintreten", sage ich schnell. „Handball wäre nicht schlecht."

Einen Moment lang ist kein Pieps zu hören. Dann meint Mama mit monotoner Stimme: „Ist in Ordnung. Wenn du wieder zum Sport gehen möchtest – von mir aus."

„Danke!", sage ich und lege auf.

Der Sportverein, ich und meine Mama – das ist so ein Thema. Was ich auch verstehen kann. Zumindest ein bisschen. Ich war nämlich schon einmal angemeldet, dann hat mir die Turngruppe aber gestunken und Mama hat mich wieder abgemeldet, zwei Wochen später wollte ich doch wieder hin und Mama musste mich erneut anmelden. So ging das ein paar Mal, bis Mama meinte, Schluss, aus, sie habe keine Lust mehr. Entweder würde ich mich fürs Turnen entscheiden oder ich solle es eben bleiben lassen.

Ich weiß auch nicht, warum das so ein Hin und Her bei mir ist, aber irgendwie finde ich, dass ich ein Recht habe, verschiedene Dinge auszuprobieren. Und auf Handball hätte ich wirklich Lust. Erstens bin ich in der Schule eine der Besten darin, zweitens kann man sich dabei so richtig auspowern und drittens macht die Leiterin Andrea einen sehr netten Eindruck.

Andrea trainiert gerade die A-Jugend, als ich in die Halle komme. Ich winke ihr zu und hoffe, dass sie mich wiedererkennt. „Bin gleich bei dir!", ruft sie mir sogleich zu und verdammt die Kids zu ein paar Runden Dauerlauf. Andrea streicht ihre kurzen blonden Haare zurück und sprintet einmal quer durch die Halle auf mich zu.

„Nina. Richtig? Du heißt Nina?", begrüßt sie mich so freundlich, als würde ich schon x-Jahre bei ihr trainieren. Sie tippt mir vorne auf die Jacke. „Turnst du noch bei Elke?"

„Nein…", fange ich an, aber Andrea unterbricht mich im selben Atemzug und sagt, sie würde sich sehr freuen, wenn ich zu ihr in die Mannschaft käme, ich sei doch sicher ein richtiges Handball-As, und überhaupt – Turnen sei ja auch nur was für Tussis, nichts für echte Mädchen.

Klasse. Ich stehe da und brauche gar nichts weiter zu sagen. Andrea nimmt mir die ganze Arbeit ab. Zehn Minuten später sind wir uns einig. Ab sofort bin ich Mitglied der B-Jugend, muss dafür aber dreimal die Woche zum Training kommen und mir die Wochenenden für Turniere freihalten.

Nichts lieber als das. Je mehr Bewegung, desto schneller schmilzt mein Fett.

„Dann morgen Nachmittag um drei?", fragt Andrea, während sie schon wieder ihre Gruppe ansteuert.

„Morgen um drei!"

Bestens gelaunt dackele ich zum Bus. Irgendwie ist mir jetzt verdammt nach einem Schokoriegel oder wenigstens nach einem klitzekleinen Bonbon, aber das verkneife ich mir lieber. Selbstdisziplin ist alles im Leben.

„Mensch! Pass doch auf!", höre ich eine knattrige Stimme, gleich darauf sehe ich einen Jungen mit Sporttasche vor mir, groß, blond und ziemlich dünn – wir sind gerade ziemlich unsanft zusammengeprallt.

„Ich geb dir einen Tipp", sagt der Typ jetzt. „Mach einfach die Augen auf, wenn du die Straße langgehst."

„Selber!"

Schon laufe ich weiter. So ein Motztyp hat mir gerade noch gefehlt! Von dem lasse ich mir jedenfalls nicht meine Laune verderben! Zumal das Wetter wunderwunderschön ist. Blauer Himmel, ein paar Schäfchenwölkchen ziehen ihre Bahn und es ist herrlich mild.

Zu Hause bin ich immer noch gut gelaunt. Und als Mama mich fragt, ob sie mir die Nudeln aufwärmen solle, gebe ich vor, von den zwei Riesenhamburgern noch pappsatt zu sein.

Das ist natürlich gelogen. In Wirklichkeit kneift und piekt es vor Hunger in meinem Magen und es hilft auch nichts, dass ich permanent draufklopfe und ihm befehle, gefälligst damit aufzuhören. Die Hausaufgaben überstehe ich gerade so eben noch, dann wird mir wirklich fast übel und ich laufe schnell in die Küche, um mir einen Apfel zu holen.

Zu meinem Erstaunen ist Billi da. Sie sitzt am Küchentisch, näht Bänder an ihre Spitzenschuhe und stopft sich in einer Tour Joghurtschokolade rein. Die Frau hat's gut!

„Was machst du hier?", pampe ich sie an, weil ich es ziemlich frech finde, dass sie mit ihrem Tanzkram die ganze Wohnung in Anspruch nimmt.

„Siehst du doch. Schuhe ausbessern."

„Keine Probe? Kein Training?" Hektisch beginne ich einen Apfel zu schälen.

„Nö." Sie sieht kurz hoch und lächelt zuckersüß. „Heute Nachmittag hatten wir frei. Der Choreograph für „Sacre" kommt erst übermorgen aus L.A."

„Ach so." Gierig stopfe ich mir ein Stück Apfel in den Mund. Aus L.A. kommt er, der Choreograph für ‚Sacre'! Genauso gut könnte sie mir erzählen, dass es in Hintertupfingen eine neue Müllverbrennungsanlage gibt.

„Hey – wie findest du mein Trikot?" Billi springt vom Stuhl und lüpft ihr Kleidchen. Darunter kommen lange und dünne Beine, umhüllt von Synthetikwürsten in einer undefinierbaren Schlammfarbe, zum Vorschein.

„Ist das jetzt der letzte Schrei?", frage ich.

„Cool, was?" Billi macht eine Arabesque.

„Ich weiß, dass du tanzen kannst", sage ich noch eine Spur zickiger.

„Nur kein Neid!" Billi setzt sich wieder und wirft mir einen mütterlich-fürsorglichen Blick Marke Mama zu. „Du könntest übrigens auch mal ein paar neue Klamotten gebrauchen."

Ach was. Super Erkenntnis. Ich schaue an mir runter. Gut, die Kneif-Jeans kombiniert mit Papas altem Schlabbersweatshirt hat nicht gerade was von Haute Couture, aber der kackbraune Rock von neulich müsste doch eigentlich ganz nach Billis Geschmack sein.

„Was geht dich das überhaupt an?", blaffe ich Billi an. „Es kann dir doch vollkommen egal sein, wie ich rumlaufe!"

Fast kommt es mir vor, als wäre Billi eine Sekunde lang irritiert oder erschrocken, aber dann legt sie sofort wieder ihr überhebliches Grinsen auf.

„Hör mal, jeder will doch... sagen wir... vorteilhaft aussehen. Kannst mir nicht erzählen, dass es auch nur einen Menschen auf der Welt gibt, der völlig uneitel ist!"

„Ach, und du findest also, dass ich unvorteilhaft aussehe – im Gegensatz zu dir, mh?"

„Na ja..." Billi senkt den Kopf, um sich wieder ausführlich ihren Stopfarbeiten zu widmen. Am liebsten würde ich ihr ein paar scheuern. Was bildet sich die Gans überhaupt ein? Ist einfach von Natur aus mit Schönheit, einer bombastischen Figur und Talent ausgestattet worden und maßt sich an, bei ihrer dicklichen, kleinen Schwester die Typberaterin zu spielen!

Ohne groß nachzudenken, stehe ich auf, laufe zum Kühlschrank und zerre die Käsebox raus. Ein ziemlich fettes Stück Gorgonzola landet in meinem Mund, und während ich es runterwürge, denke ich nur, Mist, Mist, Mist, jetzt ist meine Schwester schuld, dass ich meine Diät nicht durchhalte!

„Mampf, mampf, mampf!", kommt sogleich ihre süß-saure Stimme aus Richtung Küchentisch. „Von Käse kriegt man Pickel!"

Ich knalle die Käsebox auf die Spüle und will gerade aus der Küche laufen, als Mama mir den Weg versperrt.

„Was ist denn hier los?"

„Nichts", meint Billi ungerührt. „Ich war nur so nett und wollte Nina ein paar schwesterliche Tipps geben. Aber wenn sie nicht auf mich hören will..."

Mama schaut mich an, und ich weiß, was sie denkt. Immer musst du den Familienfrieden stören, das waren noch Zeiten, als du brav mit deinem Püppchen Lorelei gespielt hast, was ist neuerdings bloß mit dir los? Aber Mama traut sich nicht, die Wahrheit zu sagen, natürlich nicht, und auch Billi tut, als habe sie das Sprechen verlernt. Mama löst sich jetzt aus ihrer Erstarrung.

„Wer von euch geht einkaufen?" Ihre sonst so wohl geordnete Frisur sieht heute ziemlich struppelig aus. So, als hätte sie mit Papa rumgeknutscht, was sie aber mit Sicherheit schon seit tausend Jahren nicht mehr getan hat.

„Wieso gehst du nicht einkaufen?", fragt Billi divenmäßig.

„Weil ich schon den ganzen Tag für euch schufte, da ist es wohl nicht zu viel verlangt..."

„Ich hab mein Exercice noch nicht gemacht", unterbricht Billi sie und schaut mich erwartungsvoll an. Mich! Die fette Kuh der Familie, den Trampel vom Dienst.

„Nina...?" Mama richtet jetzt ebenfalls ihre Augen auf mich.

„Warum denn immer ich? Ich muss noch eine Mathearbeit vorbereiten, Englischvokabeln lernen, Französisch...!"

„Dir als Streberin wird eine halbe Stunde Schulbuchabstinenz wohl kaum schaden", sagt Billi.

Ich wünschte, ich könnte meine Schwester mit einer Rakete zum Mond schießen. Einmal fort – immer fort.

„Bitte, Nina! Du darfst dir auch was Leckeres mitbringen. Der Einkaufszettel liegt im Schuhregal."

Nur weil ich Mamas sorgentriefenden Blick nicht ertragen kann, schnappe ich mir meine Jacke und laufe zum Supermarkt um die

Ecke. Erst als ich ein Markstück in den Schlitz des Einkaufswagens stecke, beruhigen sich meine Nerven langsam wieder. Eigentlich ist es doch allemal besser, auf diesem graubraun gemusterten Kachelboden Schlangenlinien zu fahren, als zu Hause die ewig gleichen Gesichter meiner Familienmitglieder zu studieren!

Plötzlich habe ich eine Idee. In der Gemüseabteilung lege ich Möhren, Salatgurken und Boskopäpfel in den Wagen – meine Ration für die nächsten Tage – ansonsten werfe ich Kartoffeln, zwei Pakete Butter, zwei Becher Crème fraîche, zwei Becher Sahne, drei Pakete geriebenen Käse und vier besonders fett aussehende Hühnerbeine obendrauf.

Hihi! So viele schöne Kalorien, mit denen sie sich voll stopfen werden!

Zu Hause hat Billi inzwischen das Feld geräumt. Mama beschäftigt sich mit ihren Topfpflanzen – jedenfalls kommt so ein gleichmäßiges Schnipp-Schnapp-Geräusch aus dem Arbeitszimmer. Das ist eine eiserne Regel in unserer Familie: Sobald Mama sich mit ihren Blumentöpfen abgeschottet hat, darf man sie nicht behelligen. Ich habe mich oft gefragt, was sie da vor sich hindenkt und bin zu dem Schluss gekommen, dass es irgendwie mit uns und ihrer verkorksten Karriere zu tun hat. Ich bin schuld daran, dass sie nie das getan hat, was sie immer tun wollte. Klar, Billi auch. Aber die ist wenigstens so nett und zeigt Mama, wie man eine vorbildliche Ballettkarriere hinlegt.

Umso besser, dass mich niemand stört. Ich habe freie Bahn... Zunächst schäle ich die Kartoffeln, schneide sie in dünne Scheiben und schichte sie in eine Auflaufform. Darauf kommt eine Masse aus viel Butter, Sahne, Crème fraîche und drei Packungen Reibekäse. Yippie! Ich sehe schon, wie Billi das Zeug in sich reinschaufelt, und vielleicht wird sie sogar zunehmen. Ebenso Mama, die immer so verbissen auf ihre Linie achtet. Alle werden sie mein Gratin essen und keine Ahnung haben, wie viel fettiges Zeug gerade in ihren Magen wandert.

Nachdem ich den Auflauf in den vorgeheizten Ofen geschoben habe, mache ich mich ans Würzen der Hühnerbeine. Salz, Pfeffer, da steht Mama plötzlich in der Küche. Sie sieht um einiges besser gelaunt aus als vorhin, was wahrscheinlich hauptsächlich daran liegt, dass ich sie mit der Kocherei überrasche.

„Wie nett von dir! Was gibt's denn Leckeres?", flötet sie.

Typisch. Sobald man was für den Familienfrieden tut, ist man die beste Tochter der Welt. Aber sie haben sich geschnitten! Ahnen nicht, was in Wirklichkeit hinter meiner Lieb-Kind-Fassade steckt...

„Hühnerbeine in Salbeisoße und Kartoffelgratin." Ich grinse selbstgefällig.

„Hm!"

Mama tätschelt mir die Wange, wie sie es vielleicht vor zehn Jahren zuletzt getan hat, geht dann mit den Worten: „Ich decke schon mal den Tisch" raus.

Ha! Reingelegt! Was für ein teuflisches Vergnügen Kochen doch sein kann! Denn während das Fleisch so schön in der Pfanne vor sich hin brutzelt, hole ich den letzten Topf Sahne aus dem Kühlschrank, kippe den Inhalt zusammen mit einer halben Hand voll Salbei zu den Hühnerbeinen und als Krönung spendiere ich noch ein riesiges Stück Butter.

Mittlerweile duftet es schon richtig lecker aus dem Ofen. Ohne dass ich es verhindern kann, läuft mir das Wasser im Mund zusammen. Nein, ich werde nichts essen, ich habe keinen Hunger, im Gegenteil – eigentlich bin ich schrecklich satt! Zwar fängt es gerade in meinem Bauch an zu rumoren, aber das hat nichts zu sagen. Ein bisschen Salatgurke muss reichen.

Ich stelle die Gasflamme kleiner, stopfe mir ein Stück Gurke in den Mund und hole rasch die Kalorientabelle aus meinem Zimmer.

Zuerst schaue ich nach, wie viele Kalorien mein Camembert-Ausrutscher vorhin gehabt hat. Mich trifft fast der Schlag. Ein Happen Camembert und gut 100 Kalorien verfetten meinen Körper! Das muss anders werden. Von jetzt an werde ich nur noch Sachen mit wenig Kalorien essen.

Zum Beispiel Buttermilch. Ein Glas hat 78 Kalorien, eins mit Magermilch nur 72. Was ist noch wichtig? Ah ja – Knäckebrot. Eine Scheibe hat 32 Kalorien – in Ordnung, ein Esslöffel Hüttenkäse 27, ein Apfel 70, ein Riegel Schokolade 100, ein Milchkaffee…

„Wow – es gibt was Geiles zu futtern?" Im selben Moment steht Billi neben mir und spechtet neugierig in die Pfanne mit den Hühnerbeinen.

Hastig verstecke ich die Kalorientabelle unter meinem Pullover, was Billi natürlich nicht entgeht.

„Was hast du denn da?"

„Geht dich das was an?"

„Na, los! Zeig her!"

Billi stürzt sich mit Karacho auf mich und wühlt sich unter meinen Pullover.

„Hau ab!!", kreische ich, so laut ich kann. Zwei Sekunden später erscheint zum Glück Mama und bringt uns auseinander.

„Was soll das? Seid ihr vollkommen verrückt geworden?"

„Nina versteckt was vor mir", sagt Billi prompt. Ich wusste ja schon immer, dass sie IQ-mäßig gerade mal auf der Stufe eines Huhns steht.

„Dann ist es noch lange kein Grund, es sehen wollen. Nina muss dir nicht alles zeigen."

Eins zu null für mich. Es beruhigt mich kolossal, dass in dieser Familie wenigstens hin und wieder noch Gerechtigkeit herrscht – auch wenn ich es diesmal nur meinem Kocheinsatz zu verdanken habe.

Eine halbe Stunde später essen wir.

„Georg hat leider noch in der Kanzlei zu tun", sagt Mama in meine Richtung. „Aber ich stelle ihm was von deinem köstlichen Essen warm."

Das Essen schmeckt tatsächlich köstlich. Jedenfalls beteuern das Mama und Großmutter immer in einer Tour. Billi sagt gar nichts, stopft aber, was das Zeug hält. Grund genug, mich diebisch zu freuen.

„Isst du nichts?", will Großmutter wissen.

„Ich hab beim Kochen ungefähr hundertmal probiert, ehrlich, ich bin total satt. Vielleicht esse ich später noch mit Papa einen Happen."

Keiner sagt was. Alle glauben mir und sehen nicht, wie hungrig ich in Wirklichkeit bin. Wenn ich wollte, könnte ich Mama, Großmutter und Billi die Teller wegreißen und alles, was noch drauf ist, in einem heftigen Fressanfall wegschaufeln. Könnte ich... Und dann noch zum Kühlschrank rennen und den ganzen Camembert aufessen, die Schokolade im Vorratsschrank, das leckere Graubrot mit dick Butter und Honig bestreichen...

Ich reiße mich zusammen. Schaue, wie sie Happen für Happen in ihrem Mund verschwinden lassen, wie sie kauen und schlucken und ziemlich widerliche Gräusche machen, und fühle dabei so etwas wie Triumph. Ich bin stark! Ich schaffe es! Ich hab es nicht nötig, mich mit so banalen Dingen wie Essen abzugeben!

„Was grinst du denn so?", fragt Billi. „Bist du gerade dabei, uns zu vergiften, oder was?"

Im selben Moment krümmt Billi sich und fängt an zu stöhnen, dann röchelt sie und sinkt in Zeitlupentempo von ihrem Stuhl. Mama und Großmutter gucken entsetzt, schließlich reagiert Mama und kniet neben Billi nieder.

„Was hast du?", ruft sie mit weinerlicher Stimme und brüllt dann hysterisch in Großmutters und meine Richtung: „Ruft doch den Notarztwagen! Schnell!"

Im gleichen Moment schlägt Billi die Augen auf und grinst Mama an. War doch klar, dass sie nur Theater gespielt hat. Wie kann man nur so blöd sein und auf so etwas reinfallen!

„Okay, Leute", sage ich ungerührt. „Ich gehe Hausaufgaben machen."

Schon bin ich aus dem Raum und erspare mir die Fortsetzung dieser finsteren Angebervorstellung. Warum muss meine Schwester nur immer im Mittelpunkt stehen?

5

Nicht ein Gramm habe ich abgenommen, nicht mal ein klitzekleines! Das Leben ist echt hart. Zu allem Überfluss kriegen wir auch noch eine Neue. Ruperts kommt mit so einer blässlichen, dicklichen Blondine in die Klasse, stellt sie kurz als ‚Schtella' vor, woraufhin die blässliche, dickliche Blondine widerspricht und meint, nein, sie heiße Stella, Stella mit ‚st'.

Aha. Very interesting. Aber warum platziert Ruperts Stella mit ‚st' ausgerechnet neben mich? Als ob es nicht noch mehr freie Plätze in der Klasse gäbe! Zum Beispiel neben Ole oder Nadine. Aber nein! Schicksalsgott Ruperts hat befohlen, dass sich Stella mit ‚st' neben mich setzt, was sie dann auch tut. Mir bleibt nichts anderes übrig, als mich entsetzlich zu ekeln. Stella hat nämlich nicht nur die blöde Angwohnheit, sich mit ‚st' zu schreiben, nein, sie schweißelt auch noch wie der Teufel vor sich hin und verbreitet einen Ekel erregenden Geruch.

Gerade als ich das registriere, beugt sie sich zu mir rüber, grinst mich an und fragt mich, wie ich heiße.

„Nina." Aus einem unerklärlichen Impuls heraus reiche ich ihr die Hand.

Die gleiche Prozedur mit Julie Brown. Während sich die müffelnde Stella von rechts halb auf meinen Tisch legt, tut Julie Brown dasselbe von der linken Seite, und genau vor meinen Augen schütteln sie sich die Hände und die falsche Schlange von Julie Brown sagt auch noch mit zuckersüßem Stimmchen: „Herzlich willkommen, Schtella!"

Na dann! Auf dass die zwei beste Freundinnen werden!

Die ersten beiden Stunden dümpeln so vor sich hin, in der großen Pause will Stella mit ‚st' mir ein Gespräch aufzwingen, was ich aber schnellstens abbiege, indem ich vorgebe, dringend aufs Klo zu müssen. Als ich zurückkomme, steht sie dann zum Glück mit Julie Brown zusammen und scheint meine Anwesenheit nicht unbedingt zu vermissen.

Leider schlägt das Schicksal dann voll in Deutsch zu. Frau Brückner ist eigentlich eine großartige Lehrerin, aber heute hat sie wohl der Hund gebissen, als sie anordnet, wir sollen in Zweiergruppen alles notieren, was uns zum Thema Sucht einfällt. Und da Julie Brown schon mit ihrem Schwarm Bert zusammenarbeitet, werde ich mit Stella in eine Gruppe gesteckt. Nicht dass ich etwas gegen blonde, dickliche Mädchen habe – schließlich bin ich auch so etwas in der Art –, aber miese Gerüche lassen sich nun mal nicht wegdiskutieren. Außerdem kommt man sich bei Gruppenarbeit gemeingefährlich nahe, da man wegen der anderen im Klassenraum flüstern muss. Am liebsten würde ich mich tot stellen oder weglaufen oder Frau Brückner von Stellas Ausdünstungen erzählen und dass ich auf keinen Fall mit ihr Gruppenarbeit machen kann, aber ich bin wie gelähmt.

Dabei ist Stella mit ‚st' eigentlich ganz in Ordnung. Das heißt, sie fängt an zu sabbeln und zu reden und die ganze Arbeit zu machen, während ich einfach nur dasitze und mitschreibe. Gut – das Thema interessiert mich auch nicht besonders. Weder kenne ich jemanden, der säuft oder kokst oder in Spielsalons rennt oder sich gar zu Tode hungert. Und passieren wird mir so etwas schon gar nicht.

Stella kennt sich erstaunlicherweise sehr gut aus. Sie meint, auch Lieben könne zur Sucht werden und Klauen und Kaufen und Sport, eigentlich alles. Hoffentlich nicht auch nach Schweiß stinken, denke ich, gemein wie ich bin. Andernfalls steht mir ein super Schuljahr bevor!

Als wir später unsere Ergebnisse vortragen, heimsen wir ein Extra-Lob ein. Während die anderen aus unserer Klasse nur Tabletten, Heroin, Schnaps und dergleichen auf ihrem Zettel stehen haben, sind wir die einzigen, die – wie Frau Brückner es nennt – auch an die „nicht stoffgebundenen" Drogen gedacht haben.

Alles schön und gut, aber noch lange kein Grund, dass ich Stella in den Pausen und nach der Schule dichter als fünfzig Meter an mich ranlasse. Ich brauche keine Mädchen um mich herum, die mir ihre dusseligen Möchtegern-Jungs-Geschichten aufhalsen, und darauf wird es früher oder später doch hinauslaufen.

Auf dem Weg zum Bus greife ich gedankenverloren in meine Jackentasche, in der sich leider – oder zum Glück – nur zuckerfreies Kaugummi befindet. Ich stopfe mir schnell einen Streifen in den Mund und hoffe, dass sich mein kneifender Magen etwas beruhigen wird. Noch bis vor ein paar Tagen hatte ich immer etwas Süßes dabei, wovon ich mich ganz nach Belieben bedient habe. Auch so etwas wie eine Sucht? Jedenfalls fällt es mir schrecklich schwer, jetzt nicht in den nächsten Laden zu rennen, um mir irgendeinen Riegel zu kaufen. Vor meinem inneren Auge tauchen Berge von Schokolade und fetter Sahnetorte auf – mein Magen ist kurz vorm Durchdrehen. Zum Glück kommt im selben Moment der Bus angefahren, ich steige ein und konzentriere mich auf Stellas Geruch. Mit einem Schlag ist mein Hunger weg. Triumphierend schaue ich aus dem Fenster und genieße die Landschaft, die ich bisher nie so richtig wahrgenommen habe.

Zu Hause erwartet mich Mama mit einem sorgenzerknitterten Gesicht. Kaum dass ich meine Jacke ausgezogen habe, zerrt sie mich in die Küche und reißt den Mülleimer auf, in dem noch all die leeren Sahnebecher von gestern liegen.

„Es ist ja schön und gut, dass du kochst, aber was soll das bitte schön?"

Oh je – wieso habe ich gestern bloß nicht mehr den Müll runtergebracht? Ich setze ein harmloses Grinsen auf.

„Keine Ahnung, was du meinst." Bei manchen Personen in meinem Umfeld finde ich es äußerst befriedigend, wie gedruckt zu lügen.

„Kein Mensch kocht mit so viel Sahne und Käse und Butter!"

Mama kann es nicht wissen. Unmöglich!

„Aber es hat euch doch geschmeckt!"

„Ja, sicher! Fett ist ein guter Geschmacksträger!"

Mama klingt bitter; bestimmt hat sie heute Morgen ein Kilo mehr auf die Waage gebracht. Und ich spiele weiter das unschuldige Mäuschen.

„Hast du am Anfang immer alles richtig gemacht? Ich mein, als du mit Kochen angefangen hast?"

„Natürlich nicht!" Mama ist plötzlich wie umgekrempelt. Sie lächelt sogar und klopft mir irgendwie unbeholfen auf die Schulter. „Komm, lass uns jetzt essen."

Ich traue meinen Augen nicht, als sie die Reste von gestern auf den Tisch stellt. Hühnerfleisch mit Kartoffeln in einer klebrigen Soße.

„Ich hab schon gegessen", sage ich schnell und will mich aus der Küche stehlen.

„Ach – und was?"

„Zwei Schokoriegel und ein Brötchen..." Meine Stimme ist so leise, dass ich mich selbst kaum verstehe.

„Nina, es passt mir nicht, dass du immer unterwegs isst. Und dann noch so ungesunden Süßkram. Gerade in der Wachstumsphase braucht man viele Vitamine!"

„Ich hab mir doch zwei Äpfel gekauft", schiebe ich schnell hinterher. „Und auf meinem Schulbrot waren Sprossen."

Dass ich das Brot in der großen Pause wieder im Mülleimer entsorgt habe, verschweige ich lieber.

„Na gut." Mama sieht überhaupt nicht glücklich aus, als sie sich alleine an den Tisch setzt. Sie würdigt mich keines Blickes mehr.

„Ich gehe nachher zum Handball", sage ich nach einer Weile leise.

„Fein. Du hast dich angemeldet?"

Ich nicke und sage, dass ich jetzt auch dabeibleiben werde. Kein Hin und Her mehr.

Erleichtert dampfe ich in mein Zimmer ab und packe meine Sporttasche. Irgendwie fühle ich mich auf einmal total high. Leicht und unbeschwert – der Hunger ist wie weggeblasen. Gleich gehe ich zum Sport, das wird mir gut tun, danach gibt's nur noch Wasser und Kräutertee und morgen früh werde ich mit einem richtig guten Gefühl auf die Waage steigen...

Bevor ich mich wieder auf den Weg mache, husche ich in aller Eile über die Hausaufgaben. Es fällt mir erstaunlich leicht, mich zu konzentrieren, keine Ahnung, was für eine geheime Kraft mich antreibt. Englisch geht wie von selbst und Mathe erscheint mir so leicht wie nie zuvor.

Halb drei bin ich fertig, eine halbe Stunde später stehe ich fertig umgezogen in der Halle.

Andrea scheint sich richtig zu freuen, als sie mich sieht. Sie kommt auf mich zugesprintet und klopft mir so heftig auf die Schulter, dass ich fast umfalle.

„Dann wollen wir mal, Nina. Übernächstes Wochenende hast du dein erstes Turnier."

„Was? So schnell?" Wenn ich eins nicht leiden kann, dann schlechte Leistungen, weil ich nicht genügend Zeit hatte mich vorzubereiten.

„Das schaffst du schon", meint Andrea ungerührt, bläst in ihre Trillerpfeife und treibt uns an, ein paar Runden um die Halle zu laufen. Zeit genug, um mir die anderen Mädels der Gruppe genauer anzusehen. Die meisten sind kräftig, um nicht zu sagen stämmig gebaut, was mir sehr gut in den Kram passt. Irgendwie fühle ich mich wohler, wenn ich mich nicht permanent an dürren Ballettgrazien wie Billi messen muss.

Nach dem Aufwärmtraining geht's ans erste Spiel, bei dem ich gleich zwei Tore hintereinander werfe. Staunende Blicke. Neidische Blicke. Andrea nimmt mich später zur Seite:

„Was für ein Glück wir mit dir haben!" Abermals klopft sie mir in ihrer burschikosen Art auf die Schulter. „Wenn du beim Turnier auch so gut spielst..." Weiter sagt sie nichts, aber ihr Blick spricht Bände. Sie freut sich, dass ich in ihrer Gruppe mitmache, sie findet, dass ich was draufhabe – endlich mal jemand, der mir wirklich was zutraut!

Zu Hause bin ich dann wie beschwipst vor Freude. Erst gucke ich in aller Ruhe „5 unter einem Dach" – Fanny ist inzwischen mit dem Fitnesstyp Rolf zusammen –, dann macht sich leider Gottes wieder mein Magen bemerkbar. Hunger! Hunger!, sendet er unmissverständlich an mein Gehirn. Zum Glück habe ich einen Verstand, der mich davon abhält, sofort zum Kühlschrank zu rennen und mich voll zu stopfen.

Zwanzig Minuten später ruft Mama mich zum Abendbrot. Ich kann nicht schon wieder so tun, als hätte ich auswärts gegessen, das wird Mama mir im Leben nicht abkaufen, also gehe ich in die Küche, rede mir währenddessen gut zu, ja nicht die Beherrschung zu verlieren.

Man staune, aber die Stars der Familie, Papa und Billi, sind ausnahmsweise mal zugegen. Es gibt Brot, Salat und leckere Aalhäppchen. Ich halte mich an den Salat, belege ansonsten nur eine halbe Scheibe Brot mit magerem Schinken und hoffe, dass mein neues Essverhalten nicht weiter auffällt.

Tut es nicht. Mama und Papa unterhalten sich angeregt über einen Fall von Steuerhinterziehung in ihrem Bekanntenkreis, das heißt, Papa redet in einer Tour und Mama lauscht andächtig seinen salbungsvollen Worten. Billi ist sowieso ziemlich abwesend. Lustig vor sich hin mampfend blättert sie in einem Ballettmagazin.

Somit habe ich meine Ruhe. Ab morgen werde ich mit Hilfe meiner Tabelle jede einzelne Kalorie aufschreiben, ich werde eine Statistik anlegen und gucken, wie viel ich abnehme, wenn ich bestimmte Sachen in bestimmten Mengen esse. Kaum dass ich aufgegessen habe, räume ich meinen Teller in die Spülmaschine und gehe raus. Keine vorwurfsvollen Blicke. Die drei sind so mit sich selbst beschäftigt, dass sie gar nichts mitbekommen...

Als ich die Tür zu meinem Zimmer hinter mir schließe, fühle ich mich plötzlich schwer und plump und kriege ein schlechtes Gewissen wegen der Salatsoße. Wahrscheinlich hat Mama viel zu viel Öl drangekippt, so dass meine Fettzellen jetzt gerade einen Freudentanz aufführen, weil sie so feine Nahrung kriegen. Kurzerhand ziehe ich mich nackt aus, mache die Deckenbeleuchtung an und stelle mich mit geschlossenen Augen vor den Spiegel. Es muss sein. Mein Herz pocht laut, dann öffne ich langsam meine Augen.

Schock!

Auf den ersten Blick sehe ich wie ein Teigkloß aus, weiß, schwammig und total unförmig. Ich starre mich an wie ein fremdes Etwas, einen

Außerirdischen von mir aus, der die Frechheit hatte, auf dieser unserer Erde zu landen.

Nach und nach gewöhnen sich meine Augen an mein Spiegelbild. Okay, ich bin nicht besonders groß, aber immerhin habe ich so etwas wie den Ansatz einer Taille. Meine Oberschenkel sind eindeutig zu dick und seitlich an den Hüften kleben fiese Fettpolster.

Nackt wie ich bin, setze ich mich aufs Bett und starre auf die Fettrolle, die jetzt unterhalb meiner Brüste hervorploppt. Ich hasse mich! Obwohl ich in den letzten Stunden so gut wie nichts gegessen habe, sehe ich immer noch wie eine fette Made aus! Warum bin ich nicht Billi? Warum nicht Fanny? Warum muss ich mich so quälen und nehme doch nicht ab?

Kurz überlege ich, ob ich zur nächsten Tankstelle gehen und mich dort mit Chips und Süßigkeiten eindecken soll, aber dann entscheide ich anders: Es kann sich nur etwas ändern, wenn ich einen klaren Kopf behalte, wenn ich mein Pensum konsequent durchziehe. Und das bedeutet für heute Abend, dass ich noch ein paar Kalorien abbaue, zumindest die von der Salatsoße.

Hastig laufe ich ins Bad und zerre die dreckigen Sportsachen aus dem Wäschepuff, Sportschuhe an – fertig bin ich.

Leider fängt Billi mich auf dem Flur ab. „Wo willst du denn hin?", fragt sie einigermaßen erstaunt.

„Ein bisschen frische Luft schnappen."

„Noch mehr Sport?" Mama ist jetzt zu allem Überfluss auch noch in den Flur gekommen. „Hat dir das Training vorhin nicht gereicht?"

„Billi trainiert doch auch ohne Ende und kein Mensch sagt was!"

„Ich stehe aber auf der Bühne."

„Wie schön für dich!" Ich schnappe mir den Schlüssel und öffne die Haustür.

„Aber nicht, dass du im Dunkeln durch den Park läufst!", ruft Mama mir noch nach.

Warum eigentlich nicht?, denke ich, während ich lossprinte. Wenn ich überfallen und abgemurkst werde, wird mich doch sowieso niemand vermissen.

6

Immerhin – zwei Kilo weniger! Man muß nur durchhalten. Zwei Kilo in einer Woche sind nicht übel und 52 Kilo sind besser als 54 oder gar 55, da kann einer sagen, was er will!
Mein neues Kalorien-Notizbuch habe ich in der unteren Nachttischschublade versteckt. Es stehen alle Tage mit Datum aufgelistet drin, dahinter die weggefutterte Kalorienzahl und ganz rechts mein Gewicht. 52 Kilo. Es ist nicht bombastisch, aber immerhin ein Anfang.

Am Tag des Punkteturniers fühle ich mich elend, als ich morgens aufwache. Flau im Magen und reichlich schwach. Vielleicht, weil ich in der letzten Zeit so wenig gegessen habe oder weil es mir unangenehm ist, mit der Gruppe einen ganzen Tag zu verbringen. Ich bin kein Gruppenmensch, ehrlich nicht. Mir reichen schon die 30 Pappnasen in unserer Klasse, die sich ständig gegenseitig mit unwichtigen Dingen zutexten. Und jetzt diese Mädels, diese eingeschworene Gemeinschaft, die sich schon seit etlichen Jahren kennt und mich bestimmt sowieso nicht dabeihaben will. Ich weiß ja, wie sie mich schief angucken, wenn ich ein Tor nach dem anderen werfe, und wenn ich keins werfe, umso mehr.

Aber egal. Hauptsache, ich treibe Sport, Hauptsache, ich verbrenne Fett, mein dickes Schwabbelfett, das ich nicht mehr haben will!

Als ich aus der Dusche komme, fühle ich mich schon fitter. Mama hat mir ein stärkendes Früchte-Müsli zubereitet, was ich ziemlich nett von ihr finde. Brav futtere ich es auf. Andernfalls stehe ich das Turnier nicht durch. Und wenn ich später nur noch zwei, drei Äpfel esse, geht das kalorienmäßig schon in Ordnung.

Um den Schein zu wahren, packe ich Mamas „Überlebensbrote" ein, außerdem eine Flasche Mineralwasser, zwei Äpfel, dann verlasse ich die Wohnung. Es ist noch früh und ziemlich kühl. Bald wird es Herbst. Spätestens wenn alle Blätter runtergefallen sind, will ich eine neue Nina sein.

Mit dem Bus fahre ich zum Adenauerplatz, wo uns ein extra angemieteter Bus zusammen mit der C-Jugend und der Jungs-Mannschaft einsammelt. Am liebsten hätte ich eine Bank für mich alleine, aber da wir ziemlich viele sind, müssen wir uns zusammenquetschen. Kaum dass ich eine Sitzbank ergattert habe, pflanzt sich eine stämmige Rothaarige neben mich und packt ihre Leberwurstbrote aus.

„Auch eins?", fragt sie.

„Nein, danke."

Ich drehe meinen Kopf zur Seite, schaue nach draußen und lasse die trübe Stadt an mir vorüberziehen. Aus den Augenwinkeln sehe ich, wie meine Sitznachbarin mampft und kaut. Selbst schuld, wenn sie dick und dicker wird! Dann holt sie eine Packung Butterkekse raus, bietet mir auch davon an.

„Nein danke!" Ich weiß, das war jetzt reichlich unhöflich von mir, bestimmt hat sie es nur nett gemeint, aber ich finde es einfach widerlich, wie sich manche Leute schon am frühen Morgen mit allem möglichen Zeugs voll stopfen. Na ja – wenn ich ehrlich bin, hätte ich schon Lust auf einen Butterkeks...

„Oh je! Bist du heute Morgen mit dem falschen Fuß aufgestanden?", nervt das Mädchen weiter.

„Geht dich das was an?"

Ohne noch ein Wort zu sagen, packt sie ihre Kekse wieder ein, schnallt ihren Rucksack zu und steht auf.

„Wünsche noch eine angenehme Fahrt", flötet sie, bevor sie nach hinten geht, um sich wohl einen angenehmeren Platz zu suchen.

„Alles klar bei euch?", ruft Andrea. Sie sitzt direkt hinter dem Busfahrer und verrenkt sich gerade den Kopf. Ich nicke nur, schaue dann wieder aus dem Fenster.

Okay, es tut schon ein bisschen weh, dass sie nicht mehr neben mir sitzen will, aber eigentlich ist es nur gut so. Endlich habe ich meine Ruhe. Ich kann nachdenken, so viel ich will und muss keine eklige Wurst riechen. Stattdessen träume ich von lecker-zarten Schokoplätzchen, von Kokosmakronen und Camembert... Wie gerne würde ich... Hmm! Aber nein, ich halte das durch. Keine Süßigkeiten, keine Kalorienbomben, und irgendwann wird auch der Tag kommen, an dem ich dünn genug bin, um wieder zuzuschlagen...

Eine Stunde später sind wir da. Irgendein Kaff in der Nähe von Neuruppin – die anderen beiden Mannschaften spielen in den Nachbardörfern. In der Umkleidekabine riecht es nach verschwitzten Sportklamotten, wovon mir fast übel wird. So schnell ich kann, ziehe ich mich um und gehe dann in die Halle, um mich warm zu machen. Ein bisschen Laufen, ein paar Dehn- und Wurfübungen – ich kann nicht begreifen, wieso die anderen aus meiner Mannschaft die Sache so wenig ernst nehmen. Stehen gackernd in der Ecke herum und erzählen sich Jungsgeschichten. Das verstehe, wer will.

Während des Turniers vergesse ich zum Glück, dass ich hier mit so dämlichen Gänsen zusammen bin. Ich renne und springe und dann, kurz vor Ende, werfe ich das entscheidende Tor. Wir haben gewonnen! Ein ganzer Haufen schwitzender Mädchenkörper wirft sich auf mich und kreischt und jubelt, und so sehr ich mich auch freue, fühle ich mich dennoch unwohl. Ziemlich unsanft boxe ich nach links und rechts, so dass die Mädchen endlich von mir lassen. Ein paar von ihnen sehen mich irritiert an, aber als Andrea zum Gratulieren zu uns kommt, ist alles vergessen. Jeder fällt jedem um den Hals, und um nicht als Außenseiterin dazustehen, mache ich mit.

„Hört mal alle her!" Andrea klatscht in die Hände. „Zur Feier des Tages gibt's eine Überraschung. Im Gasthaus zur Traube findet gleich im Anschluss eine Fete statt."

Jubeln, Grölen, Klatschen. Oh nein, wie entsetzlich! Eine Party mit den beiden anderen Mannschaften plus DJ und Buffet! Wieso hat mir vorher keiner Bescheid gesagt? Nie im Leben wäre ich sonst mitgefahren!

Ich hasse Tanzpartys. Ich hasse es, wie ein Mauerblümchen in einer Ecke zu stehen, aber genauso hasse ich es, von einem Jungen aufgefordert zu werden, mit dem ich nicht tanzen will!

In heller Panik frage ich Andrea, ob hier irgendwo ein Bus fährt.

„Wieso? Was ist denn? Jetzt fängt doch der lustigste Teil der Veranstaltung an. Und dich müssen wir besonders feiern!"

„Aber... mir ist nicht gut", sage ich schnell.

„Komm, jetzt duschst du erstmal, isst was Leckeres und dann geht's dir gleich viel besser."

„Ähm...", fange ich an, aber Andrea unterbricht mich und sagt, hier fahre weit und breit kein Bus und wir würden sowieso erst wie geplant gegen sechs abgeholt. Reingelegt. Und ich hatte angenommen, das Turnier würde einfach so lange dauern.

Völlig ermattet stelle ich mich zu den anderen unter die Dusche. Die Rothaarige sieht nackt fürchterlich fett aus, einige andere ebenfalls, aber da gibt es ein Mädchen, das wunderschön dünn ist. Ich starre sie an, kann meinen Blick nicht von ihr wenden. Erst als sie zurückgafft, schaue ich weg.

Später im Lokal hänge ich mich als Erstes ans Telefon. Mama und Papa sollen mich so schnell wie möglich abholen, das können sie ruhig mal für mich tun. Aber solange ich auch klingeln lasse, niemand nimmt ab.

Heiliger Strohsack! Ich wähle Großmutters Nummer. Es dauert ewige Sekunden, bis sie rangeht.

Ohne mir groß eine Einleitung zurechtzulegen, frage ich Großmutter, wo denn Mama und Papa stecken und ob sie mich, falls die beiden in absehbarer Zeit nicht zurückkämen, vom Handballturnier abholen könne.

„Moment mal, ihr fahrt doch mit dem Bus." Großmutter lacht ungewöhnlich laut ins Telefon.

„Hier steigt gleich eine Party, aber… ich habe keine Lust. Ich will nach Hause!"

„Verstehe ich nicht. Ich hab mich früher immer um Tanzabende gerissen."

„Darf ich bitte selbst entscheiden, worum ich mich reiße?"

„Natürlich." Großmutter räuspert sich. „Aber deine Eltern sind auf dem Flohmarkt und ich habe auch keine Zeit."

Das gibt's doch nicht! Was kann Großmutter an einem Sonntagnachmittag schon groß vorhaben?

„Bitte, Omamuttchen! Es ist sehr wichtig!"

„Jetzt pass mal auf, Liebes!" Obwohl Großmutter flüstert, klingt ihre Stimme scharf. „Ich habe gerade Besuch und werde den Teufel tun und ihn wegen meiner spinnerten Enkelin nach Hause schicken."

„Frau Henkel kann doch auch morgen wiederkommen!", sage ich mit weinerlicher Stimme.

„Es ist nicht Frau Henkel. Mein Besuch heißt Paul Kühne."

Paul Kühne. Ich glaube es nicht! Während es mir hundsmiserabel geht, zieht sich meine Großmutter einen semiverkalkten Lover an Land! Und ich dachte immer, Leute in Großmutters Alter interessieren sich nicht mehr für Gefühlsduseleien und Sex und so.

Wie die letzte Idiotin hänge ich am Telefon und merke, dass mir ein paar Tränen runterlaufen. Ich kann nichts sagen, bin einfach nur platt.

„Nina…? Hallo…?", höre ich Großmutter wie von ferne.

„Viel Spaß noch!", sage ich in den Hörer und knalle einfach auf.

„Alles okay?" Vor mir steht ein langer, blonder Typ, der mir reichlich bekannt vorkommt. Ohgottohgottohgott! Das ist doch der Kerl, mit dem ich neulich vor der Sporthalle zusammengeprallt bin! Ohne dass ich ihn darum gebeten hätte, reicht er mir ein Taschentuch.

„Danke. Brauche ich nicht", sage ich und flüchte mich aufs Klo. Kabine zu, auf den Deckel hocken, durchatmen und Gedanken sortieren.

Punkt eins: Niemand holt mich ab und das ist furchtbar.

Punkt zwei: Wie soll ich bloß die Zeit auf dieser dusseligen Party totschlagen?

Punkt drei: Was hat dieser Junge von neulich hier zu suchen? (Vermutliche Lösung: Das Gleiche wie ich, nämlich Handball spielen.)

Punkt vier: Wieso die Nummer mit dem Taschentuch, wo er mich neulich noch so angeschnauzt hat?

Punkt fünf: Warum musste er mich ausgerechnet beim Heulen erwischen?

Punkt sechs: Wieso habe ich ihn eigentlich nicht schon im Bus bemerkt?

Ich lasse bestimmt eine halbe Stunde verstreichen, bevor ich mich wieder in den Saal traue. Ein Buffet mit Würstchen, Frikadellen, Fischsalaten und Brot ist aufgebaut. Es wird gedrängelt und gefuttert und geschmatzt – einfach ekelhaft. Als sei es der Sinn des Lebens, tote Tiere mit Geschmacksverstärker zu verdauen. Ich nehme mir eine Cola Light und setze mich auf einen Hocker am Rand der Tanzfläche. Von hier aus habe ich den Überblick und laufe nicht unbedingt Gefahr, angequatscht zu werden.

Ein paar Mädchen und Jungs tanzen schon. Man kann sagen, was man will, aber Handballer sind nicht gerade Bewegungsgenies. Plump und ziemlich ungelenk stampfen sie zur Musik und das erstaunliche daran ist, es scheint ihnen auch noch Spaß zu machen. Auch der Blonde ist auf der Tanzfläche, mit ihm ein dunkelhaariges Mädchen, das als einziges richtig klasse tanzen kann.

Meine Cola schmeckt nicht, mir ist ein bisschen übel, ich habe Hunger, aber keine zehn Pferde kriegen mich ans Buffet. Ich will nicht so sein wie sie. Schule, ein bisschen Sport, sich ansonsten fett fressen und fett rumflirten – nein danke!

„Na, wie geht's jetzt?" Andrea taucht wie ein Gespenst vor mir auf und setzt sich neben mich.

„Gut", lüge ich und schaue weiter auf die Tanzfläche.

„Siehst aber nicht besonders gut gelaunt aus."

„Doch. Ich bin nur müde."

Andrea lächelt. „Schon den Krabbensalat probiert?"

„Ja", lüge ich weiter. Wo ich schon mal so schön dabei bin... „Schmeckt wirklich riesig."

„Na, vielleicht tanzt du ja gleich mal."

Ganz bestimmt nicht, denke ich, nicke jedoch der Einfachheit halber. Dann ist Andrea wieder in der Menge verschwunden.

Irgendwie ist es mir so auch am liebsten. Ich mag mich nicht zwanghaft mit irgendwelchen Leuten unterhalten. Vielleicht aus Unsicherheit und Angst – was weiß ich…

Als ich mir eine zweite Cola Light hole, steht der lange Blonde auf einmal neben mir am Buffet. Die dunkelhaarige Grazie ist nirgends zu sehen.

„Ich heiße übrigens Sven", sagt er zu den Frikadellen. Wie höflich von ihm, sich ihnen vorzustellen. „Und du?" Ganz plötzlich sieht er mich an. Hellbraune Augen, blondes Haar und knattrige Stimme… Mein Mund ist wie zugeklebt.

Der Typ lacht. „Nun sag schon. Wie heißt du?"

„Ni – na", sage ich ungelenk.

„Süß. Ich hätte auf Hiltrud getippt."

„Was? Wieso denn…?"

„War nur ein Witz."

Besagter Sven langt aufs Buffet und steckt sich eine Frikadelle quer in den Mund. Auch einer von diesen Fleischfressern.

„Du bist noch nicht lange in der B-Jugend?" Während er isst, quillt ihm seitlich ein bisschen totes Tier aus dem Mund.

„Nein", sage ich. Mehr fällt mir nicht ein. Ich hab's nicht so mit Jungen. Nicht dass ich sie grundsätzlich blöd finde, aber sie sind mir genauso fremd wie die Meerschweinchen anderer Leute, und genauso empfinde ich auch, wenn ich mich mit ihnen unterhalten soll. Was redet man schon groß mit einem Meerschweinchen?

„Wieso isst du nichts? Du hast den ganzen Abend noch nichts gegessen."

Das überrascht mich jetzt. Hat der Typ mich etwa die ganze Zeit über beobachtet? Wie kann das angehen – ausgerechnet mich?

„Die Frikadellen sind klasse", faselt er weiter, ohne meine Antwort abzuwarten.

„Ich finde Fleisch eklig", platzt es aus mir heraus. „Und all die Tiere, die so gequält werden – das ist doch grausam!"

„Isst du überhaupt kein Fleisch?" Sven hält jetzt im Kauen inne und schaut erstaunt drein.

„Doch. Schon. Aber ganz, ganz selten." Warum habe ich das bloß gesagt? Was geht das diesen Sven an? Ich will nicht mit ihm reden!

43

Wahrscheinlich will er sich eh nur über mich lustig machen. Weil ich dicke Beine habe und einen dicken Po!

Als könne er meine Gedanken lesen, dreht Sven sich zum Buffet. Gut so, dann mache ich mich schnell aus dem Staub, aber da hält mir jemand von hinten die Augen zu. Warme, feuchte Hände.

„Was soll das?" Ich versuche mich zu befreien. Ohne Erfolg.

„Mund auf", sagt der Jemand mit einer mir vertrauten Knatterstimme.

„Bist du verrückt?" Voller Panik kneife ich meine Lippen zusammen.

„Bitte!", bettelt er weiter. „Mach doch den Mund auf!"

„Nei...!" Ich kann das Wort nicht mal zu Ende sprechen, weil ich quasi im selben Moment ein Stückchen Frikadelle im Mund habe.

Wütend reiße ich mich los und spucke das Fleisch aufs Buffet. Sven starrt mich entsetzt an – soll er doch –, ich mache auf dem Absatz kehrt und stürze aus dem Saal.

Zum Glück steht meine Sporttasche gleich ganz vorne an der Garderobe. Ich werfe sie mir über die Schulter, wühle meine Jacke aus einem Haufen Klamotten und keine drei Sekunden später bin ich draußen. Dann laufe ich drauflos, einfach die Straße entlang, hoffe und bete, dass mir niemand folgt.

Irgendwann kann ich nicht mehr. Vielleicht bin ich ein, zwei Kilometer gerannt, vielleicht auch drei. Autos preschen an mir vorbei, aber ich fühle mich in Sicherheit. Wahrscheinlich hat außer Sven sowieso niemand bemerkt, dass ich weg bin, und nach der Szene von vorhin ist er sicher nicht daran interessiert, mir nachzueilen.

Schnaufend lasse ich mich am Straßenrand nieder. Was mache ich jetzt bloß? Ich kann doch nicht zu Fuß nach Berlin gehen, und überhaupt – irgendwann wird es dunkel! Gegen sechs wieder zu den anderen zurückkehren? Kommt nicht in Frage! Nicht nach dieser Blamage am Buffet!

Wie konnte ich nur... Da redet einmal in tausend Jahren ein Junge mit mir und ich führe mich auf wie eine Furie! Andererseits – wie kommt ein mir völlig fremder Typ dazu, mir einfach Fleisch in den Mund zu stecken? Ich meine, so was würde ich mir nicht mal von Papa oder Mama gefallen lassen...

Nun fängt es auch noch an zu regnen. Erst fallen nur ein paar Tropfen, dann platzt eine dicke, fette Wolke auf und schüttet ihr Wasser auf die Erde.

Es ist zum Heulen! Ich mutterseelenallein in der Walachei, Regen und Kälte... auf einmal bremst ein Wagen neben mir. Eine Frau kurbelt das Fenster der Beifahrerseite runter.

„Kann ich dir helfen?"

Rasch stehe ich auf und wische mir die Tränen weg.

„Ich muss nach Berlin. Falls Sie zufällig in die Richtung fahren..."

„Du hast riesiges Glück." Die Frau strahlt. „Steig ein!"

Erleichtert öffne ich die Tür und lasse mich auf den Sitz plumpsen. Kurz geht es mir durch den Kopf, dass Trampen ja eigentlich ziemlich gefährlich ist, aber diese Frau hier wird schon nicht in den nächsten Wald fahren, um mich dort um die Ecke zu bringen. Sie ist vielleicht Anfang dreißig, blond, ziemlich hübsch und lächelt mich jetzt von der Seite an.

„Wo genau musst du hin?"

„Egal. Sie können mich an irgendeiner U-Bahn-Station rauslassen."

Die Frau lächelt wieder. „Und du bist dir sicher, dass du nicht von zu Hause ausgerissen bist?"

„So ein Quatsch. Ich will doch nach Hause!"

Und dann erzähle ich der Frau die unsägliche Geschichte von dem Handballturnier und dem Fest danach. Als ich fertig bin, fragt sie mich, warum ich es denn so fürchterlich fände, mich mit anderen Jugendlichen meines Alters auf einer Party zu amüsieren.

„Das ist ja der Punkt. Ich amüsiere mich nicht!"

„Und warum nicht?"

Jetzt fängt die Tante auch noch wie Mama an!

„Weil ich mich nun mal nicht amüsiere!" Ich weiß, das klingt blöd, aber irgendwie war es schon immer so. Kaum komme ich in einen Raum, wo getanzt, gelacht und gefeiert wird, fühle ich mich total einsam und möchte nur noch weg.

„Gut. Dann schlage ich dir vor, dass ich dich direkt bis vor die Haustür fahre. Bevor dir noch was in der U-Bahn zustößt..."

Damit ist das Thema Partys und Spaß haben zum Glück für sie erledigt. Also doch keine Mama. Stattdessen spielt sie mir ihre neuesten CDs vor. Laute coole Jazz-Sachen und ein bisschen Jungle. Die Fahrt vergeht wie im Flug, und als wir in unsere Straße einbiegen, finde ich es fast schade, dass ich schon aussteigen muss.

„Vielen Dank auch", sage ich. Und: „Sie haben mir sozusagen das Leben gerettet."

„Nun übertreib mal nicht! Und viel Glück weiterhin!"

Dann fährt sie hupend davon, und ich denke, zu blöd, dass ich nicht sie bin, eine wunderschöne, schlanke und bestimmt sehr erfolgreiche Frau in den Dreißigern.

„Nina!", brüllt Mama im selben Moment über die ganze Straße. Sie lehnt sich aus dem Fenster und fuchtelt wie wild mit den Armen.

Auch das noch. Ob Andrea etwa petzenderweise bei mir zu Hause angerufen hat? Völlig ermattet stiefele ich die Treppen nach oben. Gerade hatte ich mal eine Sekunde lang das Gefühl, es ist okay so, wie es ist, da kommt der nächste Hammerschlag. Vorsichtshalber stelle ich meine Ohren auf Durchzug, was auch gut so ist. Denn Mama fängt tatsächlich derart an zu schimpfen, dass ich eigentlich nur noch das Weite suchen kann. Klar, war es so: Verräterin Andrea hat angerufen. Und alle seien vor Sorgen fast umgekommen, weil doch nirgends ein Bus fahre, Blablabla...

„Beim Trampen hätte dir sonst was passieren können!", fängt jetzt auch noch Papa an.

Es nützt alles nichts, ihnen zu erklären, ich sei ja gar nicht getrampt, die nette Frau habe mich einfach aufgegabelt. Sie wollen nur hören, was ihnen in den Kram passt, und irgendwann habe ich auch keine große Lust mehr mich zu rechtfertigen. Ich warte die Schimpftirade bis zum bitteren Ende ab und verziehe mich dann in mein Zimmer. Augen zu und Decke über den Kopf. Zu dumm dass mir ausgerechnet jetzt dieser Sven wieder einfällt. Blöder Kerl. Zwar sieht er mit seinen nougatbraunen Augen und dem blonden Strubbelhaar ziemlich süß aus, aber mit Sicherheit weiß er das auch, und genau aus diesem Grund ist er blöd, ach – eingebildet, nervig und dann auch noch Fleisch fressend!

In dieser Nacht träume ich, dass unsere Klasse ein Fest organisiert hat, auf dem alle Mädchen vor den Jungs in sexy Flügelkleidchen herumtanzen. Nur ich mache nicht mit. Sitze stattdessen auf einem Hocker vorm Buffet und schaufele mich mit Essen voll. Kekse, Frikadellen, fettiger Nudelsalat, alles durcheinander, und während ich fresse und mampfe, denke ich, hör auf, du darfst nicht, morgen wiegst du 100 Kilo! Aber ich schaffe es nicht, einfach aufzustehen und vom Buffet wegzugehen. Essen, essen, essen! Hunger, Hunger, Hunger! Plötzlich stehen alle aus meiner Klasse um mich herum. Julie Brown und Stella mit ‚st', sie zeigen mit dem Finger auf mich und lachen mich aus. Sie frisst, sie frisst, rufen sie, und dann wache ich Gott sei Dank auf. Die Decke habe ich weggestrampelt, mein Rücken ist nassgeschwitzt. Ich atme einmal tief durch, bin wahnsinnig erleichtert, dass alles nur ein Traum war. Dass mein Magen vor Hunger kneift und nicht, weil ich gerade hunderte von Kalorien in mich reingeschaufelt habe.

7

50 1/2 Kilo – wow! Der Tag geht ja wirklich gut los! Und als sich meine Eltern dann beim Frühstück so nett aufführen, als hätte es den gestrigen Tag gar nicht gegeben, stellt sich regelrechte Hochstimmung bei mir ein. Auch wenn diese nicht besonders lange anhält. Kaum habe ich die Hälfte meines trockenen Knäckebrotes mit ganz viel Tee runtergespült, geht das Telefon.

„Wer ruft denn so früh an?", fragt Mama, als könnten wir hellsehen, nimmt aber sogleich ab.

„Für dich", sagt sie dann und guckt dabei eindeutig in meine Richtung. „Andrea."

„Oh no", sage ich nur und sehe mir dabei zu, wie ich rauslaufe und mich im Bad einschließe. „Sag ihr, ich kann jetzt nicht!"

Ich hab zu allem möglichen Lust, aber nicht zu einer Standpauke, die ja verständlicherweise fällig ist.

Als die Luft wieder rein ist, gehe ich nochmals in die Küche, um mir den Rest der Knäckebrotscheibe zu holen.

„Andrea war ziemlich aufgebracht", meint Mama nur und sieht dabei nicht mal von ihrer Zeitung auf. „Sie ist nämlich dafür verantwortlich, dass sie euch alle wieder heil zurückbringt."

„Mh." Ich schenke mir noch eine Tasse Tee ein und schiele nach dem Gouda, der ziemlich verführerisch aussieht.

„Mehr hast du nicht dazu zu sagen?" Mama sieht mich jetzt giftig an.

„Nein. Hab ich nicht."

„Dann kannst du dich ja heute Nachmittag bei ihr entschuldigen. Du hast doch heute Training?"

Ich nicke, weiß aber gleichzeitig, dass ich nie wieder hingehen werde. Weder heute, noch morgen, noch an irgendeinem anderen Tag. Was soll ich in so einer Mannschaft, der die Feierei wichtiger ist als der Sport? Mein erstes Turnier – und dann gleich so was!

In der Schule überlege ich mir die ganze Zeit über, wie ich es Mama nur verklickern soll, dass ich mit Handball aufhöre. Sie wird mich für verrückt erklären – zumal ich ihr versprochen hatte, nicht mehr zu wechseln. Außerdem bleibt das Problem bestehen, dass ich mich irgendwie sportlich betätigen muss, und immer nur durch die Gegend zu joggen, ist ehrlich gesagt auch nicht so mein Ding.

Nach dem Mittagessen gehe ich sofort in mein Zimmer und trage die Kalorien vom Tag ein. Je weniger es sind, desto besser fühle ich mich. Heute waren es erst cirka 290. Bleiben noch 210, wenn ich die 500-Kalorienmarke nicht überschreiten will.

Einfach klasse, dass Mama nichts merkt. Mein neuester Trick beim Mittagessen ist wirklich raffiniert: Ich tue so, als würde ich mir noch nachnehmen, dabei befördere ich Essen von meinem Teller zurück in den Topf. Und wenn ich dann später vom Tisch aufstehe, glaubt Mama, ich hätte so richtig zugelangt.

Irgendwann am Nachmittag – ich sitze gerade an den Schularbeiten – klopft es an meiner Tür und Mama kommt herein.

„Musst du nicht zum Training?", fragt sie. „Deine Sportsocken hängen noch auf der Leine."

Ich schüttele nur den Kopf und tue, als wäre ich voll und ganz auf meine Hausaufgaben konzentriert.

„Fällt das Training heute aus?"

„Weiß nicht..."

„Also, was soll das jetzt, Nina?" Mama setzt sich auf mein Bett und fährt sich durch ihre frisch vom Friseur zurechtgeföhnten Haare.

„Hab ich's dir noch nicht gesagt? Ich höre auf..." Ich bringe das so beiläufig an, als gehe es um den Müll, der noch rausgetragen werden muss.

„Nicht dein Ernst."

„Doch." Ich schaue hoch und versuche es mit der Mitleidsmasche. Hundeblick in Hochpotenz.

„Aber du hast mir was versprochen..."

„Ja! Mama, es tut mir Leid, aber..." Ich drehe meinen Schreibtischstuhl jetzt so hin, dass ich meiner Mutter frontal gegenübersitze. Das wirkt bestimmt freundlicher. „Ich kann dieses Mannschaftsgetue nicht ab, weißt du, und dann machen sie ständig Partys und saufen..."

„Saufen?"

„Ja, die trinken kübelweise Cola-Rum und Wein und Bier."

„Das glaube ich nicht."

„Frag doch Andrea. Ist so. Und manche kiffen auch."

Mama nickt langsam, und während ich meinen Hundeblick noch verstärke, denke ich, klasse, meine Mama fällt wirklich auf alles rein.

„Na gut. Vielleicht ist so eine Mannschaft wirklich nicht das Richtige", sagt sie schließlich.

Jubel! Ich muss nur aufpassen, dass ich nicht verräterisch zu grinsen anfange.

„Dann meldest du dich wieder beim Sportverein ab?"

„Ja."

„Ruf bitte auch Andrea an und sag's ihr persönlich."

„Oh nein!"

„Oh doch! Sich einfach feige aus dem Staub zu machen, ist nicht die feine Art."

„Okay", murmele ich. Allein von der Vorstellung, noch einmal mit Andrea sprechen zu müssen, wird mir ganz übel.

„Mama?"

Meine Mutter ist schon halb aus der Tür.

„Ja?"

„Es ist nicht so, dass ich keinen Sport machen möchte..."

Ich weiß, die Sache ist ziemlich heikel, aber wenn ich sie nicht jetzt gleich anspreche, kriege ich wahrscheinlich nie mehr den Dreh.

„Ach!" Mama verschränkt ihre Arme vor der Brust und macht dabei einen Buckel. „Flamenco? Freeclimbing? Oder vielleicht Tiefseetauchen?" Ich wusste gar nicht, dass sie so ironisch sein kann.

„Nein." Ich bin jetzt wirklich klein mit Hut. „Es würde mir bestimmt Spaß machen, in einem Fitnessstudio zu trainieren."

Mama kommt noch einmal zurück in mein Zimmer. „Ich sag dir nur eins: Papa und ich sind nicht bereit, Monat für Monat einen Mitgliedsbeitrag in astronomischer Höhe zu zahlen, und nach ein paar Tagen siegt doch wieder dein Schweinehund. Für ein Fitnessstudio braucht man Disziplin!"

„Ich verspreche dir hoch und heilig, dass ich regelmäßig hingehe!", bettele ich.

„Das habe ich schon zu oft von dir gehört!"

„Aber Fitness ist was anderes! Da gibt es keine blöde Mannschaft. Man kann kommen und gehen, wann man will!"

„Warum hast du dir das eigentlich nicht eher überlegt?" Mama atmet schwer aus. „Du machst es einem aber auch nicht gerade leicht."

„Bitte!"

„Ich werde mit deinem Vater darüber reden, in Ordnung? Und jetzt ruf Andrea an."

Mama läuft in die Küche, kommt dann mit dem Telefon und dem Telefonbuch zurück.

„Wie heißt Andrea mit Nachnamen?"

„Greifenstein."

Mama blättert, findet die richtige Seite, ihr Zeigefinger wandert über die Seite – was verdammt noch mal soll diese Aktion nur?

„3346778. Los. Mach schon!"

Seufzend wähle ich; kurz darauf meldet sich Andrea. Mir ist so übel, als hätte ich tatsächlich wie im Traum ein ganzes Buffet leer gegessen.

„Hallo. Hier ist Nina."

Mein Herz klopft wie verrückt. Immerhin ist Mama so nett und verzieht sich jetzt.

„Na, du machst Sachen!" Nichts mehr übrig von ihrem sonst so netten Tonfall. „Du hättest mich ganz schön in die Scheiße reiten können, ist dir das klar?"

„Ja... Es tut mir Leid."

„Mehr fällt dir nicht dazu ein?"

„Nein..."

„Du musst doch wenigstens eine Begründung parat haben!"

Mama hatte Recht. Andrea ist tatsächlich richtig sauer.

„Ich hab mich so unwohl gefühlt", sage ich leise.

„So – unwohl! Und dann haut die Prinzessin einfach ab, ohne einen Ton zu sagen!"

„Ich... konnte nicht bleiben. Entschuldigung, Andrea..."

Ewig langes Grummeln am anderen Ende der Leitung.

„Und ich wollte dir noch sagen, dass ich aussteige." Raus ist es und ich fühle mich plötzlich wahnsinnig erleichtert.

Andrea schweigt eine Weile. Wahrscheinlich kommt gleich ein mürrisches Okay und ich darf auflegen. Aber es kommt anders.

„Das kannst du uns nicht antun! Gerade jetzt, wo es so gut mit dir läuft!" Auf einmal ist Andrea wieder ganz die Alte. „Warum denn? Warum denn bloß?"

„Weil... Ich bin nun mal einfach kein Gruppenmensch", sage ich schnell.

„Schade. Ich werde dich vermissen." Andrea seufzt. „Vielleicht überlegst du es dir noch mal, ja?"

„Mhm...", sage ich uneindeutig, und dann verabschieden wir uns voneinander.

Mit dem Thema Handball bin ich durch. Ein für alle Mal. Auch wenn ich Andrea wirklich nett finde und niemand in der Mannschaft säuft oder kifft.

Am Nachmittag schneit Großmutter bei mir rein und fragt mich, ob ich nicht Lust hätte, mit ins Altenheim zu kommen. Es würde sie so runterziehen, nur von alten Leuten umgeben zu sein.

„Na klar", sage ich.

Ich bin nur froh, wenn ich mich ein wenig ablenken kann.

„Hilfst du mir, die Bilder ins Auto zu tragen?"

„Muss nur schnell meine Jacke holen", sage ich und flitze los.

Zwei Minuten später bin ich oben bei Großmutter. Seit dem letzten Mal hat sie eine ganze Reihe alter Frauen mit Hängebrüsten gemalt. Zwei von ihnen haben den grünen Kotzfleck im Gesicht, die anderen rote Hektik- oder Neurodermitisflecken, was auch nicht sehr viel besser aussieht.

„Sind das alles Selbstporträts?"

„Ja. Gefallen sie dir?"

„Ich weiß nicht. So hässlich siehst du doch gar nicht aus." Ich traue mich nicht, Großmutter die Wahrheit zu sagen: Nämlich, dass ich die Bilder allesamt scheußlich finde.

Großmutter lacht. „Ich bin nur ehrlich mit mir. Man muss sich eben so akzeptieren, wie man ist."

„Klar, aber sich deshalb gleich in so riesigem Format malen? Ich würde das jedenfalls nicht tun."

„Dabei könntest du es dir leisten. Gertenschlank wie du bist."

„Ich bin nicht schlank", sage ich. „Ich bin pummelig und schwabbelig und..."

Großmutter fängt lauthals an zu lachen. „Genau das denke ich jedes Mal, wenn ich dich sehe, aber ich wage nicht, es dir ins Gesicht zu sagen!"

„Mach dich nicht lustig!"

„Tu ich nicht." Großmutter wird jetzt wieder ernst. „Aber das Gefasel der jungen Mädchen von wegen schlank bleiben und so weiter geht mir ziemlich auf die Nerven. Als ob es nicht wichtigere Probleme auf dieser Welt gäbe! Umweltzerstörung, Arbeitslosigkeit, Hunger..."

Großmutter knufft mich mit ihrem Arm in die Seite, drückt mir dann eines ihrer Bilder in die Hand.

„Wir haben in der Schule darüber gesprochen", sage ich zu meiner Verteidigung, aber Großmutter lächelt nur müde.

Im Auto will sie zu allem Überfluss haarklein die Handballgeschichte wissen. Wenn ich das geahnt hätte, wäre ich wohl besser zu Hause geblieben. Nicht dass Großmutter auch noch auf die Idee kommt, sich eine nette Schimpftirade für mich auszudenken.

„Tja, kann man schon verstehen, dass sie alle sauer sind. Deine Mutter, diese Andrea..."

„Ich hab das doch nicht gemacht, um denen eins auszuwischen!"

„Und wenn doch?"

„Was soll das, Großmutter?"

„Ich meine ja nur... Vielleicht wäre es sogar angebracht, wenn du es aus genau dem Grund getan hättest."

Ich verstehe nur noch Bahnhof. Großmutter schaut konzentriert auf den Straßenverkehr, spitzt die Lippen und grinst.

„Wäre nett, wenn du mir das mal erklärst."

„Ganz einfach. Ich finde, du könntest ab und zu ruhig mal ein bisschen aus dem Rahmen tanzen."

„Häh?", mache ich, weil ich langsam glaube, dass Großmutter auf ihre alten Tage noch komplett den Verstand verliert.

„Du bist immer so brav, sagst zu allem Ja und Amen..."

„Aber das erwarten die Erwachsenen doch immer von einem!"

„Ja, schon. Weil es für sie einfacher ist. Und eine gewisse Ordnung gewahrt bleibt. Aber für dich ist was anderes besser."

„Und was?"

„Deinen eigenen Weg zu gehen. So wie du ihn für richtig hältst. Und wenn du glaubst, dass Handball nicht das Richtige für dich ist, dann steh dazu. Auch wenn das zu Konflikten mit deinen Eltern führt."

„Meinst du das wirklich so?", frage ich einigermaßen erstaunt.

„Ja, das meine ich so. Früher oder später wirst du verstehen, dass ich Recht habe." Und leise fügt sie hinzu: „Schließlich war ich selbst mal Tochter. Und Mutter."

„Aber Mütter haben bestimmt keine Lust auf Töchter, die ihnen auf der Nase rumtanzen."

„Seinen Weg gehen, heißt nicht, dass man seinen Eltern permanent auf der Nase herumtanzt, verstanden?"

„Dann findest du es also auch okay, dass ich ins Fitnessstudio gehen will?"

„Im Prinzip schon. Wenn du es nicht nur tust, weil es eine Modeerscheinung ist. Allerdings solltest du dran denken, dass deine Eltern auch nicht gerade im Geld schwimmen."

„Ich weiß. Aber es gibt günstige Schülertarife. Und für Billi schmeißen sie das Geld auch nur so zum Fenster raus."

Großmutter lächelt mich von der Seite an, lässt sich aber nicht weiter zum Thema S-Klassen-Tochter aus.

„Kannst du nicht vielleicht mit ihnen reden?"

„Nein. Das musst du schon selbst tun. So was gehört auch zum Erwachsenwerden dazu."

Oh Mann! Wenn das so ist, muss ich mir aber noch gründlich überlegen, ob ich wirklich Lust habe, auf die andere Seite zu wechseln.

Das Altenheim liegt in einem Außenbezirk von Berlin, wunderschön im Grünen gelegen. Gemeinsam hieven Großmutter und ich zwei der Bilder aus dem Wagen und schleppen sie in den Eingangsbereich, wo uns eine alte Dame mit Rollwagen neugierig anstiert.

„Haben Sie einen Termin?", keift sie auf einmal.

„Ja, habe ich." Großmutter lächelt freundlich und raunt mir zu, sie hoffe nicht, jemals in so einen Schuppen zu müssen.

„Hier darf man aber nur mit Termin rein!", meckert die Alte weiter, „Ihren Ausweis! Ausweis!", aber Großmutter schert sich nicht weiter um sie und schiebt sich an ihr vorbei.

Zum Glück finden wir ohne weitere Zwischenfälle das Büro, in dem uns eine Frau mit weißgrau melierter Ponyfrisur bereits erwartet.

„Setzen Sie sich", sagt sie und: „Schön, dass Sie gekommen sind. Unser Frühstücksraum ist wirklich sehr karg. Zeigen Sie doch mal, was sie uns Feines mitgebracht haben."

Großmutter enthüllt eins ihrer Bilder – es ist das Selbstporträt mit dem grünem Fleck im Gesicht.

„Ah ja", nuschelt die Ponyfrisur-Dame. „Und hatten Sie nicht noch was von Stillleben gesagt?"

„Nein."

„Und das andere...?"

Sofort nimmt Großmutter die Handtücher vom zweiten Bild.

„Ah ja." Die Frau verzieht keine Miene. „Aber Sie haben doch sicher noch andere Gemälde im Auto..."

„Ja, schon, aber sie sind diesen beiden hier sehr ähnlich. Es ist eine Studie über das Alter."

„Hmm, hmm", macht die Grauhaarige und legt ihren Zeigefinger an den Mund. „Ich glaube, es handelt sich um ein Missverständnis."

„Das denke ich nicht. Ihr Kollege, Herr Rieger, hat ganz eindeutig Interesse an dieser Serie geäußert."

„Mir hat er was von Stillleben erzählt."

„Damit kann ich Ihnen nicht dienen." Großmutter klingt ziemlich angesäuert und ist schon wieder dabei, ein Handtuch um das Kotzfleckbild zu wickeln.

„Es tut mir wirklich Leid, aber vielleicht können Sie sich vorstellen, dass unsere Bewohner lieber etwas Heiteres zum Frühstück sehen wollen und nicht ihre eigenen Körper und dann auch noch detailgetreu."

„Hören Sie, ich mache Kunst. Da geht es nicht um heiter oder nicht heiter."

„Aber dies hier ist keine Kunstgalerie, sondern ein Altenheim." Die Ponyfrisur-Dame hat sich jetzt auch einen schärferen Ton zugelegt.

„Jaja, immer schön das wirkliche Leben ausgrenzen", murmelt Großmutter noch, woraufhin die Grauhaarige gar nichts mehr sagt.

Als wir auch das zweite Bild verpackt haben, drückt sie uns übertrieben stark die Hände und meint noch mit falschem Grinsen, Großmutter solle sich doch wieder bei ihr melden, wenn sie ein paar Stillleben gemalt habe.

„Aber sicher doch!", flötet Großmutter mit einem ebenso falschen Lächeln auf den Lippen.

Die Rückfahrt verläuft schweigend. Ich kann mir schon vorstellen, dass Großmutter die Sache ganz schön nahe geht. Mensch! So lange hat sie an ihren Bildern herumgepinselt und jetzt das! Allerdings habe ich auch Verständnis für die Altenheim-Tante. Ich würde mir auch nicht gerne Kotzfleckbilder zum Frühstück ansehen müssen.

„Und was machst du jetzt?", frage ich Großmutter, kurz bevor wir zu Hause ankommen.

„Frag mich das bitte ein anderes Mal!", blafft sie mich ohne Vorwarnung an.

Na gut – dann eben nicht!

Ich helfe Großmutter noch schnell, die Bilder in ihre Wohnung zu tragen, dann sprinte ich in mein Zimmer und schalte den Fernseher an. Mist! Die ersten zwei Minuten von „5 unter einem Dach" verpasst! Die WG sitzt gerade um den Tisch und mampft leckeren Kuchen. Auf einmal wird mir bewusst, dass ich mörderischen Hunger habe. Ignorieren... Kaugummi kauen... An meine (hoffentlich bald) schöne schlanke Figur denken...

Fanny sieht heute wieder bombastisch aus. Sie trägt eine knallenge orangefarbene Hüfthose, dazu ein kurzes Top in einem schillernden Grün. Wahnsinn, was für einen flachen Bauch sie hat! Da ist einfach nichts, kein Röllchen, kein Speck, nur straffe goldbraune Haut und ein wunderschön gepiercter Bauchnabel. Ich würde einiges drum geben, einmal im Leben so wie sie auszusehen!

Als ich später zum Abendbrot ins Wohnzimmer gehe, fühle ich mich wie im falschen Film. Der Tisch voll leckerer Antipasti vom Italiener, Papa zündet Kerzen an, Großmutter öffnet eine Flasche Sekt, Mama springt zwischen Küche und Esszimmer hin und her und Billi thront dünn und schön am Kopf der Tafel und strahlt bis über beide Ohren.

Ich glaub, ich spinne... Bei dieser Veranstaltung bin ich wohl so überflüssig wie ein Kropf, aber als ich gerade wieder auf mein Zimmer gehen will, hält Papa mich fest, wirbelt mich einmal herum, und während er mich absetzt, jubiliert er: „Wahnsinn! Ist das nicht der Wahnsinn?"

„Was bitte schön?", frage ich gereizt zurück. In dieser Familie erfahre ich doch sowieso immer als Letzte, was Sache ist.

„Billi hat ein bombiges Engagement bekommen! Hamburg!"

Toll, denke ich. Wenn sie erstmal weg ist, muss ich diesen Affentanz um ihre Person nicht mehr aus nächster Nähe miterleben.

Dann setzen wir uns alle an den Tisch und stoßen auf Billi an. Ich stehe nicht auf Alkohol. Und nur um Billis tolle Erfolge zu feiern, werde ich das Zeug nicht in mich reinschütten. Also halte ich einfach mein Glas hoch und mache gute Miene zum bösen Spiel.

Beim Essen palavern sie alle über den Star des Abends. Wie einmalig, dass Billi noch vor Abschluss ihrer Ausbildung an einem großen Haus engagiert worden ist! Was für eine Riesenchance! Und dann auch noch bei Neumeier in Hamburg! Gruppentänzerin mit Soloverpflichtung! Nicht mehr lange und Billi wird als Megastern am Balletthimmel aufgehen – so die Prognose meiner Mutter. Blablabla...

Das Einzige, was ich von meiner Schwester wissen will, ist, wann es denn losgeht.

„Zur nächsten Spielzeit. Ende August", sagt sie.

Wie blöd. Dann wird sie uns noch den ganzen Winter, Frühling und Sommer lang auf der Pelle hocken.

Nachdem ich einen Champignon und zwei kleine Möhrenscheiben gegessen habe, befehle ich mir, pappsatt zu sein und gehe sicherheitshalber auf mein Zimmer. Hausaufgaben machen. In drei Tagen schreiben wir eine Physikarbeit, die Woche darauf gleich Chemie. Wenn ich lerne, geht es mir gut. Dann habe ich wenigstens das Gefühl, etwas

Sinnvolles zu tun und vergesse den ganzen Mist mit meiner Familie. Vielleicht kriege ich im nächsten Leben eine andere, in der nicht drei Viertel der Mitglieder vom Ehrgeiz zerfressen sind.

Mitten in der Nacht wache ich mit riesigem Hunger auf. Es fühlt sich grässlich an, aber ich versuche es einfach zu ignorieren. Ob Mama schon mit Papa wegen des Fitnessstudios geredet hat? Oder hätte ich beim Abendbrot mit dem Thema anfangen sollen? Schließlich waren alle so gut gelaunt, dass sie mir meinen Wunsch sicher nicht abgeschlagen hätten.

Jetzt fängt es in meinem Bauch an zu stechen – richtig übel ist mir vor Hunger. Und wenn ich schnell aufstehe und mir eine trockene Scheibe Knäckebrot hole? Von 34 Kalorien werde ich schon nicht zunehmen. Langsam schlage ich die Decke zurück und taste auf meinem Bauch herum. Er ist schon dünner geworden, aber noch lange nicht dünn genug. Immer noch dieses Fettpolster, das sich bei einem Hängebauchschwein sicherlich nicht anders anfühlt.

Hunger!, schreit eine Stimme in mir drin, laut und immer lauter. Na gut. Dann muss ich es eben noch eine Weile mit meinem Pummelbauch aushalten.

In der Wohnung ist kein Geräusch zu hören, als ich mich in die Küche schleiche. Mit einer Scheibe Knäckebrot setze ich mich an den Küchentisch und fange an zu kauen. Langsam, fast in Zeitlupe. Ich habe mal gehört, dass man schneller satt wird, wenn man sich beim Essen Zeit lässt. Nach ungefähr zehn Minuten bin ich fertig. Mein Hunger ist noch genauso groß wie zuvor. Am liebsten würde ich heulen, aber weil das so wenig Sinn macht, kippe ich zwei Gläser Mineralwasser in mich hinein. Zwar gluckert und blubbert es jetzt in meinem Bauch, aber ich kann nicht gerade behaupten, dass ich satt bin. Dann fallen mir die Antipasti von heute Abend ein. Ob wohl noch welche da sind?

Ich öffne den Kühlschrank, in dem ein mit Alufolie abgedeckter Teller nur darauf wartet, dass ich ihn herausnehme.

Hmm! Meine Family hat kaum etwas von den Möhren gegessen und soweit meine Kalorientabelle stimmt, haben Möhren sehr wenig Kalorien. Ich stecke mir eine kleine Scheibe in den Mund, will sie langsam zerkauen, aber ohne dass ich irgendetwas dagegen tun kann, ist sie schon in meinem Schlund verschwunden. Die Krabben in Dillsoße sehen auch ziemlich lecker aus. Ich spieße eine auf meine Gabel, rieche daran, lege sie wieder zurück auf den Teller, überlege, ob ich mir kalorientechnisch noch eine leisten kann.

Ich kann. Ich will. Ich habe Hunger! Schon landet die Krabbe in meinem Mund, ich kaue, hastig, kann mich nicht beherrschen, und bevor ich überhaupt merke, was ich tue, piekse ich eine Krabbe nach der anderen auf und stecke sie in den Mund. Danach die Möhren – wenn ich schon mal dabei bin –, ich schmecke sie kaum noch, weil ich so schnell esse, die Auberginen sehen auch gut aus, erst kratze ich die Parmesanraspel ab, dann futtere ich den Rest auf. Jetzt ist die Platte leer. Ohne groß nachzudenken, gehe ich zum Brotkasten und hole ein ganzes Baguette heraus, von dem ich sogleich ein großes Stück abreiße. Ich fahre damit auf der Platte hin und her, wische das Olivenöl auf, und als der Teller wie blank geputzt aussieht, nehme ich die Butterdose aus dem Kühlschrank, bestreiche das ganze Baguette dick mit Butter und stopfe es in mich rein. Danach ist der Käse dran, Camembert – na klar. Er schmeckt sahnig und weich, plötzlich will ich was Süßes, finde in der Vorratskammer eine Tafel Schokolade...

Erst als ich das Papier zusammengeknüllt auf dem Boden liegen sehe, komme ich wieder zu mir. Was habe ich nur getan? Mich voll gefressen, wie es nicht mal ein Tier tun würde! Mein Magen fühlt sich an, als hätte ich zwei Rinder mit Haut und Haaren verschlungen. Ekel kommt in mir hoch. Ekel vor mir selbst. Wie konnte ich nur...!

Dann habe ich eine Idee. In Windeseile laufe ich aufs Klo, knie mich vor die Toilettenschüssel und stecke mir den Finger in den Hals, aber gerade als das Würgen anfängt, ziehe ich ihn wieder zurück. Ich kann nicht! Ich finde Kotzen widerlicher als alles andere auf der Welt! Andererseits werde ich dieser Fressattacke mindestens ein Kilo mehr zu verdanken haben! Also versuche ich es ein zweites Mal, aber auch diesmal schaffe ich es nicht. Es ist zum Heulen. Nicht mal das kriege ich hin! Voller Wut trete ich gegen die Kloschüssel, dann fällt mir unsere Arzneischublade ein. Bestimmt hortet Mama dort so was wie Abführmittel.

Diesmal habe ich Glück. Ein Schachtel mit insgesamt fünf Tabletten liegt gleich vornean. Ich schütte mir vier der Pillen in die Hand und lege die Schachtel zurück in die Schublade. Erst als ich das Zeug runtergespült habe, fühle ich mich beruhigt. Wenngleich ich immer noch nicht begreifen kann, wie es dazu kommen konnte.

Ich muss die Spuren verwischen! Mama darf nicht merken, was sich hier heute Nacht zugetragen hat. Aber wie kann ich vertuschen, dass ich den ganzen Antipastiteller leer gefuttert, dazu ein Baguette, den Camembert und eine Tafel Schokolade vertilgt habe?

Während ich den Müll beseitige und den Teller abwasche, versuche ich scharf nachzudenken, aber in meinem Magen tut es so höllisch weh, dass ich mich kaum aufrecht halten kann. Die Situation ist verfranst, völlig ausweglos. Den Fressanfall einfach zugeben? Nein, das geht nicht. Ich könnte allenfalls behaupten, ich hätte Hunger bekommen, wollte was von den Antipasti essen, musste dann aber leider feststellen, dass sie schon verdorben waren. Okay, wenn dem so wäre, müssten sie aber im Mülleimer liegen. Also zerknülle ich Zeitungspapier und stopfe es in eine Plastiktüte – Mama muss mir abkaufen, dass dies die Antipasti sind! Was das Baguette angeht, wird's schon schwieriger. Aber ich habe die leise Hoffnung, dass Mama nicht so genau weiß, wie viel Weißbrot noch da war, das Gleiche betrifft den Camembert und die Tafel Schokolade.

Als ich mich wieder ins Bett lege, geht's mir erst richtig dreckig. Die Schmerzen in meinem Bauch, dazu das schlechte Gewissen und die Vorstellung, dass ich gerade dabei bin, ordentlich Fett anzusetzen…

8

51 Kilo – und das, nachdem ich heute Morgen eine halbe Ewigkeit auf der Toilette war und bestimmt zwei Klorollen verbraucht habe! Gäbe es nur eine Möglichkeit, mich von dieser Welt zu beamen, ich würde es gerne tun.

Merkwürdigerweise fällt die Sache mit meinem Fressanfall überhaupt nicht auf. Mama registriert zwar in meiner Anwesenheit, dass sich der Antipastiteller verdünnisiert hat, meint sich dann aber allen Ernstes zu erinnern, dass sie ihn ja Großmutter mitgegeben habe. Na dann... Ein Problem weniger.

Die große Künstlerin Billi schläft noch, mein Vater werkelt im Bad herum, also packe ich die Gelegenheit beim Schopfe und spreche Mama auf das Fitnessstudio an.

„Natürlich darfst du dich anmelden", sagt Mama mit Weichspülerstimme. Jubel! Allerdings will sie noch wissen, wie hoch der monatliche Beitrag sei, und als ich sage, keine Ahnung, aber als Schülerin bekäme ich ja sicherlich einen günstigen Tarif, meint Mama: „Mehr als 80 Mark sind nicht drin."

„Gebongt!" Ich schnappe mir einen Apfel und will gerade mit Schul- und Sporttasche das Haus verlassen, als es ganz plötzlich wieder in meinen Gedärmen rumort und ich Richtung Toilette stürme. Hilfe noch mal!

„Papa! Lass mich rein!", brülle ich und hämmere verzweifelt gegen die Badezimmertür.

„Kannst du nicht zwei Minuten warten?"

„Nein! Geht nicht!"

„Eine Minute?"

„Nein!"

Endlich wird die Tür geöffnet, ich stürze an meinem verdatterten Papa vorbei, schubse ihn raus und knalle die Tür zu.

Wie soll ich bloß mit diesem Verdauungsproblem in der Schule zurechtkommen? Ich kann doch nicht alle naslang rausrennen, ganz abgesehen davon, dass ich es kaum so schnell zur Toilette schaffe.

„Alles klar?", fragt Mama, als ich mir kurz darauf noch ein Paket Taschentücher aus der Kommode im Flur hole. Ich nicke. Auch wenn ich mich alles andere als gut fühle. Nie wieder will ich so viele Abführtabletten auf einmal schlucken, besser ich fange endlich an, Selbstdisziplin zu üben.

„Wart noch mal eben...", Mama begleitet mich zur Tür. Sie trägt einen schreiorangefarbenen Pulli, der zu ihrem hellen Teint entsetzlich aussieht. „Ist es in Ordnung, wenn wir dein Taschengeld ein wenig kürzen?"

Ich schaue Mama völlig entgeistert an. Ob sie das auch mit Billi gemacht haben, als sie ihre Ballettausbildung anfing?

„Um wie viel?" frage ich.

„Zwanzig Mark?"

Ich nicke roboterhaft. Mit fünfundvierzig Mark komme ich schon aus, Hauptsache, ich mache endlich regelmäßig Sport. Obwohl ich auch ein bisschen sauer bin. Klar, haben meine Eltern genug Geld, jedenfalls mehr als andere aus meiner Klasse. Doch ihr eiserner Erziehungsgrundsatz lautet: Billi und mich ja nicht mit Kohle zu überhäufen. Geld ist eine Sache, die nicht vom Himmel fällt, sondern hart verdient werden muss. Was natürlich auch stimmt. Aber wie wär's denn zum Beispiel, wenn mein Vater ein bisschen weniger Einnahmen in Kauf nehmen und dafür eine halbe Minute pro Tag mehr Zeit für seine Familie investieren würde? Geht nicht, sagt er immer. Wenn man einmal einen Klienten ablehnt, kommt er nie wieder, und eins, zwei, drei sitzen er und sein Kompagnon ohne Arbeit da. Wer's glaubt...

In den ersten beiden Stunden haben wir Frau Brückner, die uns heute gemeinerweise mit einem Gedicht von Ringelnatz quälen will. Kaum hat sie alle Fotokopien verteilt, muss ich aufs Klo. Ich schaffe es nicht mal mehr mich abzumelden, springe einfach nur auf und stürze aus dem Klassenraum. Als ich zurückkomme, starren mich alle an und kichern, als wüssten sie, was sich da gerade auf der Toilette zugetragen hat.

Frau Brückner sagt zum Glück nichts, sondern macht ungerührt mit dem Text weiter.

Etwa eine Viertelstunde später muss ich ein zweites Mal. Wieder die gleiche Prozedur. Diesmal höre ich meine Klassenkameraden schon gackern, während ich noch rauslaufe. Sollen die nur mal einen Tag lang in meiner Haut stecken!

„Wenn du krank bist, sag im Schulsekretariat Bescheid und geh nach Hause", ordnet Frau Brückner an, als ich mit wackligen Knien zurückkomme.

„Ich bin nicht krank." Mit knallrotem Kopf setze ich mich und versuche das blöde Gegacker zu ignorieren.

„Ach so? Wartet vielleicht dein Freund da draußen auf dich?"

Riesengegröle. Am liebsten würde ich mich in Luft auflösen. Aber es kommt noch schlimmer. Die Brückner fordert mich auf, das Gedicht vorzulesen, aber ich bin so aus dem Konzept gebracht, dass ich außer einem viel zu leisen Gehaspel nichts Vernünftiges zustande bringe. Wie grauenvoll! Dabei zähle ich normalerweise zu einer der Besten in Deutsch! Und alles nur, weil ich rumgefuttert habe und weil mein Darm wegen dieser beknackten Tabletten verrückt spielt!

In der großen Pause bin ich nur noch ein einziges Wrack. Mein Magen schmerzt, er verlangt nach Essen, aber er kann mich mal, soll er doch woanders rumbetteln – nicht bei mir! Noch drei Stunden, dann ist Schulschluss, und ich kann endlich ins Fitnessstudio. Die 180 Minuten werde ich irgendwie schon durchstehen.

In der Pause fragt mich Julie Brown, ob ich mal mit ihr ins „Oxymoron", einen Club in Berlin Mitte, gehe.

„Mal sehen", antworte ich und denke insgeheim, da kannst du lange warten, ich wäre doch sowieso nur Ersatz für irgendwelche tollen, älteren Freunde, die dir jede Menge Action bieten.

Gerade als es zum Unterricht klingelt, kommt zu allem Überfluss auch noch Stella mit ‚st' angedackelt. Ich tue, als würde ich sie nicht sehen, aber sie ist schneller und hakt sich einfach bei mir ein. Vorsichtig schnuppere ich, ob die Luft in ihrem Umfeld okay ist.

Alles in Ordnung. Wahrscheinlich hat Stella diese Woche doch irgendwann mal geduscht.

„Was war denn vorhin los?", fragt sie und verrenkt ihren Kopf so umständlich, dass sie mir von unten in die Augen schaut. „Du siehst ja ganz käsig aus."

„Soll vorkommen, dass es einem mal nicht so gut geht", antworte ich kühl.

„Und warum bist du nicht abgehauen? Mensch, ich hätte die Situation sofort genutzt und wäre nach Hause gefahren."

„Ich aber nicht", sage ich. Mehr nicht. Schließlich geht es Stella mit ‚st' nichts an, dass ich es nun mal nicht ertrage, etwas in der Schule zu versäumen. Zwar kann ich es noch weniger leiden, so wie vorhin zu versagen, aber das ist jetzt leider nicht mehr rückgängig zu machen.

Dann zerrt Stella mich Richtung Klassenraum. Immer noch untergehakt. Julie Brown glotzt sich fast die Augen aus dem Kopf.

„Mach dir nichts draus", sagt Stella plötzlich.

Ich sehe sie überrascht an. Weiß nicht, ob sie die glotzende Julie meint.

„Wer andere auslacht, ist selbst nur unsicher", fährt sie altklug fort. Ein schwacher Trost. Riesenblamagen sind und bleiben Riesenblamagen.

Das Frauenfitnessstudio, das ich mir aus dem Branchenbuch rausgesucht habe, liegt in etwa zwischen Schule und Zuhause – ziemlich praktisch. In einem klapprigen Fahrstuhl fahre ich in die vierte Etage, betrete einen riesengroßen Raum. Fitnessgeräte, wohin man sieht. Überall schwitzende Mädchen und Frauen.

Hinter dem Rezeptionstresen steht ein graziles Wesen mit blondem Pferdeschwanz und hackt auf der Tastatur eines Laptops herum.

„Ja bitte?", sagt sie in meine Richtung, ohne den Kopf zu heben.

„Ich komme wegen einer Probestunde."

„Angemeldet?"

„Nein..."

Endlich sieht die Blonde hoch. „Wenn du willst, kann ich dich gleich in die Geräte einweisen."

„Das wäre super!"

Nachdem ich mich umgezogen habe, verfrachtet mich die Trainerin auf ein Trimmfahrrad, sie erklärt mir die Bedienung und schon strampele ich los.

„Wie hoch sind eigentlich die monatlichen Beiträge?", frage ich so nebenbei. Nicht dass ich später den Schreck meines Lebens kriege.

„Wollen wir das nicht nach der Stunde klären?", fragt die Blonde zurück und geht weg, ohne meine Antwort abzuwarten.

Ohgottohgottohgott! Hoffentlich bin ich nicht an so ein Halsabschneiderstudio geraten. 130 Mark Monatsbeitrag und keine Möglichkeit, je wieder aus dem Vertrag zu kommen!

Egal. Ich will jetzt nicht dran denken. Stattdessen trete ich kräftig in die Pedale und genieße es, dass mir langsam Schweißperlen den Rücken runterlaufen und mein T-Shirt ganz nass wird.

Ich glaube, so ein Fitnessstudio ist genau das Richtige für mich. Anonym trainieren, solange und sooft man will – was kann es Besseres geben?

Genau 12 Minuten später taucht die Trainerin wieder auf, in der Hand hält sie eine Din-à-5-Karteikarte.

„Was ist dein langfristiges Ziel?", fragt sie. „Fitness? Gewichtsabnahme? Straffung?"

„Äh... alles", stottere ich und werde rot.

„Gibt's irgendwelche gesundheitlichen Probleme? Bandscheiben? Knie?"

„Nein."

„Gut. Dann fängst du mal mit der Beinpresse an."

Beinpresse! Das hört sich zwar richtig nach Folter an, aber nachdem die Trainerin mir die Übung vorgeführt hat, macht es tatsächlich riesigen Spaß, die schwere Platte mit den Beinen hochzustemmen. Zwanzigmal hintereinander, Pause, wieder zwanzigmal.

Währenddessen notiert das Mädchen die Nummer des Gerätes, die Höhe der Gewichte und die Anzahl der Wiederholungen auf der Karteikarte und erklärt mir, das sei vorerst mein persönlicher Trainingsplan, nach einem Monat könne man ihn noch erweitern.

Eine knappe Stunde später sind wir fertig. Ich habe die zwölf wichtigsten Fitnessgeräte ausprobiert und damit alle Muskelgruppen meines Körpers trainiert – ein wirklich großartiges Gefühl.

„Ich würde gerne sofort eintreten", sage ich in meiner euphorischen Stimmung.

„Kein Problem."

Um die Konditionen zu besprechen, setzen wir uns an einen der kleinen Bistrotische.

„Wenn du einen Vertrag über 18 Monate abschließt, kostet dich das als Schülerin, Moment..." Mein Herz klopft. Die Blonde tippt verschiedene Zahlen in ihren Taschenrechner ein. „...64 Mark monatlich."

Na großartig! Vielleicht wird mein Taschengeld nun doch nicht gekürzt.

Die Formalitäten sind schnell erledigt. Zwar muss ich noch eine Unterschrift meiner Eltern nachreichen, aber da ich Mamas Okay quasi schon in der Tasche habe, betrachte ich mich bereits als neues Mitglied.

Total glücklich verlasse ich das Studio. Zum ersten Mal seit Tagen fühle ich mich fantastisch. Gestrafft, gestärkt und mit der Option, eines Tages tatsächlich so eine Art Fanny zu werden.

Apropos Fanny. Sie sticht mir dick und fett ins Auge, als ich an dem Zeitungskiosk in unserer Straße vorbeikomme. Wow! Fanny als Titelmädchen auf der HÖRZU. Natürlich fackele ich nicht lange und kaufe mir die Zeitschrift von meinem Taschengeld.

Zu Hause mache ich es mir dann mit einer halben Salatgurke, die ich zuvor geschält und in kleine Stückchen geschnitten habe, auf dem

Bett gemütlich. Ein richtiges Interview mit Fanny! Zwar spielt sie eine 17-Jährige, ist in Wirklichkeit aber schon über zwanzig und lebt mit ihrem Freund Max in einer alten, verwunschenen Villa am Stadtrand von Köln. Ihre Hobbys sind neben Snowboarding im Winter und Surfen im Sommer Tagebuch schreiben und der tägliche Gang ins Fitnessstudio. Na also! Hab ich also genau die richtige Entscheidung getroffen.

Auf die Frage, wie sie ihre Traumfigur halte, antwortet Fanny, alias Yasmin Borgfeld, sie liebe zwar Schokolade und jeglichen Süßkram, aber wenn sie mal ein Kilo zu viel habe, trinke sie einen Tag lang nur Mineralwasser mit einigen Spritzern Zitrone drin, das helfe schnell und zuverlässig beim Fettabbau. Für ihre Schönheit tue sie ansonsten nichts weiter, als ab und zu eine Maske aus Quark und Honig aufzutragen, und ihre blonden Haare helle sie mit einer Spülung aus Wodka und Zitrone auf. Nichts von wegen die Creme helfe gegen Pickel, die gegen rote Stellen im Gesicht. Insgesamt bin ich doch ein wenig enttäuscht, als ich das Heft weglege. Als ob Fanny den Lesern und mir, ihrem treuesten Fan, etwas verschwiege…

Gerne würde ich jetzt an den Kühlschrank gehen, mir ein schönes Käsebrot genehmigen und danach eine Packung Kekse verdrücken, aber zum Glück hat mich die Fitnessstunde so motiviert, dass ich den Hunger gut aushalten kann.

Ich werde es schaffen! Plötzlich bin ich mir ganz sicher.

Ich hole mein Kalorienzählheft heraus und trage die Kalorien vom Tag ein. Mit der grünen Gurke komme ich gerade mal auf 250 – das ist wirklich eine Glanzleistung! An den Rand kritzele ich mit einem roten Stift eine Eins. Ab sofort werde ich täglich auch noch meine Selbstdisziplin benoten.

9 48 Kilo – der Wahnsinn!

In nur zwei Wochen habe ich es geschafft, 3 1/2 Kilo abzunehmen. Es geht also doch. Man muss nur wollen, und wenn man will, kann man auch...

Meiner Family fällt zum Glück nicht groß was auf, aber heute in der Schule mustert mich Stella mit ‚st' von der Seite und meint dann fieserweise: „Du siehst so verhärmt aus. Bist du etwa krank?"

Ich lächele nur, schüttele den Kopf und denke mir meinen Teil. Natürlich ist sie mit ihren fast 60 Kilo neidisch – was sonst!

Das mit dem Fitnessstudio ist übrigens die Aktion des Jahrhunderts. Mama war ganz begeistert, dass der Monatsbeitrag unter 80 Mark liegt und hat netterweise davon abgesehen, mir mein Taschengeld zu kürzen. Zum ersten Mal in meinem Leben habe ich wirklich das Gefühl, dass ich bei einer Sache dabeibleiben werde.

In der ersten Woche gehe ich gleich dreimal zum Sport, auch wenn ich vor Muskelkater kaum noch laufen kann. Gerätetraining, Cellulite-Gymnastik, Problemzonengymnastik – demnächst werde ich natürlich auch noch das restliche Programm ausprobieren.

Ich kann das Feeling kaum beschreiben, wenn man aus so einer Sportstunde kommt. Ein bisschen fühlen sich die Beine eierig an, das verschwitzte T-Shirt klebt einem am Rücken und irgendwie kommt es einem vor, als wäre man gerade als Engel vom Himmel herabgestiegen und würde den anderen Menschen dabei zusehen, wie sie ihr faules, träges und gefrässiges Leben führen.

Heute schaue ich nach dem Sport in der Apotheke in unserem Kiez vorbei, um mir für den Notfall ein Abführmittel zu besorgen. Zwar gehe ich nicht davon aus, dass ich jemals einen Rückfall haben werde, aber man weiß ja nie, und Durchfall plus Darmschmerzen sind allemal besser, als jemals wieder über 50 Kilo zu wiegen.

Es ist mir zwar ein bisschen peinlich, so etwas wie ein Abführmittel zu verlangen, aber es geht nun mal nicht anders. Erst lungere ich eine Weile vor der Apotheke herum, warte, bis auch der letzte Kunde herauskommt – dann husche ich schnell rein. Ein ziemlich gut aussehender Mann mit dunklen Stoppelhaaren kommt aus dem Nebenraum. Wie peinlich...

„Ich hätte gerne ein Abführmittel", nuschele ich, während ich einen vermutlich sehr roten Kopf bekomme.

„Eins auf pflanzlicher Basis?", fragt der Mann freundlich lächelnd, als hätte ich um eine Creme zur Verschönerung meines Teints gebeten.

„Ja, bitte."

Mir doch egal, ob pflanzlich oder chemisch. Hauptsache, das Zeug wirkt.

„Einen Moment", sagt der Abführmittelverkäufer und verschwindet im Nebenraum.

Bing!, geht die Eingangsglocke. Los! Mach schnell! Muss ja nicht die ganze Welt mitkriegen, was ich hier gerade veranstalte.

„Nina!"

Das ist eindeutig Großmutters Stimme. Ach, du großer, himmelschreiender Mistkrötenschreck!

Ich drehe mich um, da steht sie leibhaftig, frisch aufgebrezelt, und neben ihr ein weißhaariger, fast zwei Meter langer Kotelettenträger in einem piekfeinen Anzug.

Während ich mich mit jetzt auberginefarbenem Kopf an den Tresen presse, reagiert Großmutter ganz normal. Das heißt, sie schleppt ihren aufgestylten Lover ein paar Meter in die Apotheke und sagt zu ihm: „Darf ich vorstellen: Das ist meine Enkelin Nina."

„Ach, wie schön!", jubiliert der Weißhaarige. Er beugt sich zu mir runter und reicht mir seine Pranke. „Ich hab schon so viel von dir, äh... Ihnen gehört!"

„Tag", bringe ich mühsam hervor, und der Typ sagt: „Ich bin übrigens Paul Kühne."

Wer hätte das gedacht! Und wer hätte darüber hinaus gedacht, dass Großmutter ihm schon so viel von mir erzählt hat! Was denn zum Beispiel? Dass ich bei uns in der Familienhierarchie schon immer an letzter Stelle gestanden habe und dass ich fett wie eine Qualle bin? Hoffentlich hat sie wenigstens erwähnt, dass mir in puncto Schulleistungen keiner so schnell was vormacht.

Gerade öffnet Großmutter die Lippen – wahrscheinlich will sie mich fragen, was ich hier zu suchen habe –, da kommt peinlicherweise der Apotheker zurück und reicht mir eine kleine Schachtel über den Tresen.

„Bei Bedarf ein bis zwei Tabletten. Aber nie über einen längeren Zeitraum anwenden. Sonst gewöhnt sich ihr Darmtrakt an die Viecher!"

Dann lacht er, als habe er einen besonders komischen Witz gemacht.

Ohgottohgott! Darmtrakt! Was soll Großmutters Lover bloß von mir denken, und überhaupt – was treiben die beiden hier am helllichten Tag? Ob der Zweimetermann ein Mittel für seine Potenz braucht?

Schnell krame ich einen Zehnmarkschein aus meinem Portemonnaie – da geht es hin, mein Taschengeld! – und lasse die Schachtel mit den Abführmitteln in meine Sporttasche gleiten.

Gleich kommt's. Gleich wird Großmutter einen Kommentar zu den Pillen abgeben und ich werde als Megablamierte aus der Geschichte hervorgehen.

Aber nichts dergleichen geschieht. Der Silbergraue verlangt nur ein Tütchen Salmiakpastillen und Großmutter sagt mit echtem Bedauern in der Stimme, sie fände es schade, dass ich in letzter Zeit nie mehr zu ihr raufkommen würde und ob ich es auch nicht mit dem Sport übertreiben würde...

„Wie wär's, wenn du heute Abend vorbeischaust und ich uns eine Pizza mache? Nur mit Mozarella. Die isst du doch so gerne."

„Jaja", sage ich, nur um meine Ruhe zu haben und verlasse mit einem hastig dahingehaspelten ‚Tschüs' den Laden.

Hilfe – wie komme ich aus der Nummer bloß wieder raus? Pizza essen bei Großmutter war früher immer eine meiner Lieblingsbeschäftigungen, aber was wird mein Disziplintagebuch dazu sagen? Es geht nicht, nie und nimmer! Warum habe ich nicht gleich was von einem ganz tollen Date erzählt, das ich um Himmels willen nicht versäumen darf?

Ein tolles Date... na ja... Würde Großmutter mir das überhaupt abkaufen? Mädchen wie Billi oder Fanny haben Dates, aber doch nicht ich, eine pummelige Streberin, die wahrscheinlich auch noch wie Stella mit ‚st' müffelt!

Gut, ergebe ich mich. Gehe ich eben zu Großmutter rauf und das mit der Pizza kriege ich auch irgendwie gebacken.

Viertel nach sieben bin ich oben bei Großmutter. Ich habe extra nichts gegessen, damit ich mir ruhigen Gewissens eine Tomatenscheibe von der Pizza klauben oder nach einem Apfel verlangen kann.

Großmutter zerrt mich sogleich in ihre Winzküche, wo es schon ganz wunderbar duftet. Pizza im Ofen verströmt immer einen Geruch von Ferien am Meer, da kann einer sagen, was er will.

„Hast du Probleme mit der Verdauung?", fragt Großmutter peinlicherweise und schaut dabei durch die Glasscheibe des Ofens.

Wenn ich das geahnt hätte...

„Ich hatte neulich mal Verstopfung", sage ich, um sie schnell ruhig zu stellen.

„Trockenfrüchte helfen besser als Tabletten. Sind auch gesünder." Großmutter sieht mich mit einem für sie ungewöhnlichen Super-Schlau-Blick an. „Und sowieso: viel Ballaststoffe essen."

„Ach, und deshalb gibt es jetzt Pizza?"

„Hast ja Recht." Großmutter lächelt. „Aber manchmal muss man sich auch was für die Seele gönnen!"

Ich nicke. Im Grunde bin ich ja voll und ganz ihrer Meinung.

„Hast du eigentlich abgenommen?", will Großmutter wissen, während sie Thermohandschuhe überstreift und den Ofen öffnet. Eine heiße Luftwelle strömt mir ins Gesicht.

„Nö... Weiß nicht... Also... Wie kommst du darauf?" Es ist mehr ein Gestottere als eine vernünftige Antwort.

„Weil du eindeutig dünner aussiehst."

„Kann eigentlich nicht sein..."

Ich laufe vor ins Wohnzimmer, wo Großmutter den großen Esstisch ganz fein mit Tischdecke und Kerzen gedeckt hat.

Oh je, wie verhalte ich mich jetzt bloß? Hätte ich gesagt, ich mache seit zwei Wochen Diät, würde ich vielleicht ums Essen herumkommen, aber so? Großmutter ist schlauer, als man denkt. Vielleicht ahnt sie ja, dass ich heimlich faste. Also bleibt mir nichts anderes übrig, als einfach ganz normal mitzuessen. Fast normal...

„Für mich bitte nur ein kleines Stück", sage ich, als Großmutter kurz darauf die Pizza in Viertel schneidet. „Ich hab vorhin schon was gefuttert."

Großmutter sieht mich erstaunt an. „Aber ich hatte dir doch gesagt, dass es Pizza gibt."

„Ja, aber ich war nun mal so hungrig!"

Rasch schnappe ich mir eins der kleinsten Stücke und lege es auf meinen Teller. Bloß schnell vom Thema ablenken...

„Wie hast du deinen Paul Kühne eigentlich kennen gelernt?"

„Ach, ganz zufällig." Großmutter lächelt irrsinnig verliebt, sprich dämlich, vor sich hin. „Du wirst es nicht glauben: Im Supermarkt. Ich wollte ein Glas saure Gurken, das stand aber ganz oben im Regal, und ich bin nicht rangekommen..."

„Und hat dein weißer Riese sich erbarmt?"

„Genau!" Herzliches Lachen. „Wie findest du ihn eigentlich?"

Die Wahrheit ist, dass ich selten für Männer über 70 schwärme und mir deshalb kein Urteil erlauben kann. Lügen will ich aber auch nicht, also entscheide ich mich für ein Mittelding:

„Er macht einen sympathischen Eindruck." In Zeitlupe ziehe ich einen Käsefaden von der Pizza. Wahrscheinlich hat er 1500 Kalorien, denke ich, als er in meinem Mund verschwindet.

„Paul ist nicht nur sympathisch, er ist einfach fabelhaft! Du kannst mir glauben: In meinem Alter ist es nicht leicht, einen einigermaßen gepflegten Mann mit wenigen Macken zu finden."

Und in meinem Alter findet man überhaupt keinen Mann, spinne ich Großmutters Gedanken fort. Zumindest wenn man so quallig ist wie ich.

„Was macht ihr denn so... zusammen?" Ungewollt werde ich rot.

Großmutter beißt heißhungrig in ihre Pizza. „Falls du meinst, ob wir zusammen schlafen, ja, wir tun es."

Ich gucke auf meine Oberschenkel. So genau wollte ich es nun auch nicht wissen.

„Aber wir gehen auch spazieren, in Ausstellungen, ins Theater..., was man halt so tut."

„Und hast du nie ein schlechtes Gewissen wegen Opa?"

Schon wieder so eine doofe Frage. Sie ist mir eben einfach rausgerutscht. Mein Großvater ist gestorben, da war ich gerade mal vier Jahre alt.

Großmutter kneift ihre Augen zusammen und sieht mich dann an.

„Wie soll ich sagen... Ich habe Horst sehr geliebt. Aber das Leben geht weiter. Bestimmt hätte er nicht gewollt, dass ich ewig alleine bleibe."

„Klar." Schwupps habe ich von der Pizza abgebissen. Wie gut sie schmeckt! Riesig! Geradezu unübertrefflich! Ich kaue und schlucke und mampfe, während mich mein schlechtes Gewissen fast um den Verstand bringt. Die Pizza wird mich dickmachen, statt einer zweiten Fanny mutiere ich zu einer zweiten Schtella und werde als solche auch noch zu müffeln anfangen.

Großmutter ist bereits beim zweiten Stück Pizza.

„Hast wohl doch Hunger, mh?"

Darauf sage ich nichts. Was heißt das schon – Hunger haben? Hunger lässt sich aushalten, Hunger interessiert mich nicht, aber wenn einen die Gier heimtückisch überfällt, das ist richtig fies...

„Was macht eigentlich dein Liebesleben?", fragt Großmutter mit harmloser Stimme.

Ich und Liebesleben! Großmutter hat sie wohl nicht mehr alle.

„Niemand Interessantes in Sicht", sage ich und sehe meinen Händen dabei zu, wie sie sich ein weiteres Stück Pizza organisieren. Hilfe! Warum tue ich das bloß?

„Wirklich niemand?"

„Nein! Niemand!" Den blonden Sven von der Sportparty lasse ich mal außen vor. Zumal er auch gar nicht interessant war. Eher peinlich und dann auch noch Fleisch fressend.

Für den Rest des Abends sorge ich dafür, dass Großmutter und ich unsere tief schürfenden Gespräche bleiben lassen, indem ich einfach den Fernseher anstelle, wo eine Talkshow zum Thema „Rauchverbot" läuft. Stinklangweilig, aber egal... Dabei verschlinge ich ein weiteres Stück Pizza, anschließend eine halbe Tüte Erdnussflips, und als ich zu uns runtergehe, plündere ich noch den Kühlschrank.

Wenn sich ein Mensch auf dieser Welt vor sich selbst ekeln sollte, dann ich.

10

Heute erspare ich es mir lieber, auf die Waage zu steigen. Ehrlich – ich will gar nicht wissen, wie viel ich wiege!

Ohne auch nur einen Happen im Magen verlasse ich mit Schultasche und meinen Sportsachen die Wohnung. Es ist mir völlig wurscht, ob Mama oder Billi oder sonst wer einen Kommentar abgibt; meine Ohren habe ich einfach auf Durchzug geschaltet.

Ich fühle mich so elend, so unsagbar grässlich! In meinem Disziplintagebuch habe ich mir noch gestern Abend eine dicke, fette sechs minus verpasst. Im Grunde genommen hätte ich eine Tausend minus verdient, aber leider gibt es diese Note nicht.

Wie konnte das passieren? Wieso habe ich nur so kläglich versagt? Natürlich musste ich mich vorm Schlafengehen auch noch mit Abführmitteln voll pumpen, so dass ich zu allem Überfluß wieder mit Durchfall zu kämpfen habe.

Während ich aus dem Schulbus steige, krampft sich alles in meinem Unterbauch zusammen. Wie der Blitz renne ich zur Schule und rein ins Klo. Dort verbringe ich ein paar nette Minuten, und als es zur Stunde klingelt, beschließe ich, heute keinen Schritt in unseren Klassenraum zu setzen. Zwar werde ich einiges versäumen, und das ist schrecklich, aber noch schrecklicher wäre es, sich wieder vor einem der Lehrer zu blamieren, nur weil ich vor lauter Gerumpel und Gepumpel in meinen Gedärmen nicht aufpassen kann. Außerdem hatte ich sowieso vor, mir meinen Fressanfall abzutrainieren – Strafe muss sein –, und da das Fitnessstudio bereits um halb neun aufmacht, kann ich ebenso gut jetzt schon damit anfangen.

Als ich mir sicher bin, dass auch der letzte Schüler in seiner Klasse verschwunden ist und keine Lehrer mehr herumlaufen, schleiche ich mich durch die Agora aus der Schule. Hoffentlich sieht mich tatsächlich niemand. Kopf runter, die Tasche geschultert, schon bin ich draußen. Da es erst kurz nach acht ist, fahre ich mit der U 9 ein paar Stationen zum Bahnhof Zoo, um dort zwecks Darmberuhigung einen Tee zu trinken. Seit ich im zarten Alter von sechs Jahren eingeschult wurde, ist es das erste Mal, dass ich schwänze, und ich fühle mich erstaunlich gut dabei. Wenn ich mir den Heinze vorstelle, der gerade mit angetrockneten Spuckekrümeln in den Mundwinkeln etwas über Brennweiten philosophiert – muss ich mir das wirklich antun? Nur um eine gute Note einzuheimsen? Es gibt doch Wichtigeres im Leben. Wie zum Beispiel endlich so konsequent an sich zu arbeiten, dass man diejenige wird, die man immer schon sein wollte...

Kurz nach halb neun sitze ich dann in Trainingssachen auf dem Trimmfahrrad. Ich stelle den höchsten Widerstand ein und strampele drauflos. Wie gut das tut! Endlich wieder die Beinmuskeln spüren! Nach ungefähr zehn Minuten rieselt mir so wunderbar der Schweiß den Rücken runter. Immer weiter, immer schneller, zwanzig Minuten lang, dann gehe ich auf den Stepper, programmiere das Gerät ebenfalls auf 30 Minuten. Eine ganze Stunde Ausdauertraining – da wird mein Fett nichts zu lachen haben!

Nach und nach trudeln weitere Mädels ein. Am liebsten trainiere ich mutterseelenalleine und hänge meinen Gedanken nach. Ich kann es nicht leiden, wenn mich irgendwelche durchtrainierten Fannys ablenken. Zu allem Überfluss belegt heute eine sehr schlanke Dunkelhaarige in einem hautengen Catsuit den Stepper neben mir. Neugierig linse ich zu ihr rüber, als sie ihre Gewichtseingabe macht. 45 Kilo!

Ich muss zugeben, ich bin ganz furchtbar neidisch. Mit nur 45 Kilo muss das Leben einfach schön sein! Bestimmt fühlt man sich leicht und grazil und begehrenswert... Aber ich werde es auch schaffen. Das bin ich mir und meinem verschlampten Körper schuldig.

Eine halbe Stunde später pfeife ich wirklich aus dem letzten Loch. Ich bin reif für die Dusche, reif für einen gemütlichen Lese- und Fernsehgucktag, doch das geht nicht. Zum einen habe ich mir noch nicht genügend Fett abtrainiert, zum anderen kann ich jetzt nicht einfach nach Hause spazieren und sagen, hallo Mama, ich schwänze heute mal die Schule, hab gerade ein bisschen Sport gemacht, bitte koch mir doch einen Tee und bring ihn mir in mein Zimmer, ich möchte fernsehen... Meine Mutter mag sein wie sie will, aber eins ist bei ihr nicht drin: sie zu verarschen.

Während ich meine Beinmuskeln dehne, merke ich plötzlich, dass ich entsetzlichen Durst habe. Schnell aufs Klo, Wasser aus dem Hahn trinken. Das tue ich dann so ausgiebig, bis mir ganz schlecht wird und mein Darm wieder zu meckern anfängt. Zwar war er so nett, mich die ganze Zeit über beim Training in Ruhe zu lassen, aber jetzt benimmt er sich umso unmöglicher. Nie wieder werde ich so viel auf einmal essen, dass ich gezwungen bin, mich mit Abführmitteln voll zu pumpen – nie wieder!!

Nach ein paar Minuten Dauersitzung auf dem Klo ist alles draußen – ich hoffe es zumindest. Schweiß tritt mir auf die Stirn, während mir gleichzeitig entsetzlich kalt ist. Ich reiße mich am Riemen und gehe zurück in den Gerätebereich. Eine Stunde Krafttraining – danach wird es mir sicherlich besser gehen.

Und tatsächlich. Zwar zittern meine Beine vor Anstrengung, aber ich fühle mich straff und um einiges leichter als am Morgen. Ein Blick zur Uhr: Es ist erst Viertel vor elf. Irgendwie muss ich noch gut zwei Stunden rumkriegen, bevor ich nach Hause kann.

Leider habe ich mittlerweile Hunger, richtig beißenden Hunger – ein ziemlich unangenehmes Gefühl. Wie dumm, dass ich mir keinen Apfel oder wenigstens eine Mohrrübe eingesteckt habe! Zum Glück gibt es in diesem Studio einen Automaten und in diesem Automaten warten leckere Eiweißriegel darauf, von gierigen Sportlerinnen verspeist zu werden.

Schnell hole ich mein Portemonnaie aus meinem Spint in der Umkleidekabine und ziehe mir für eine Mark einen Riegel. Einmal abbeißen, in Zeitlupe kauen – sogleich fühlt sich mein Magen besser an. Ich gönne mir einen zweiten Happen, verstaue dann den angeknabberten Riegel ganz unten in der Tasche.

Um elf Uhr findet der erste Kurs des Tages statt: Problemzonen-Gymnastik. Vielleicht sollte ich mitmachen – wenn ich schon mal hier bin –, danach kann ich noch ein wenig in der Stadt herumtrödeln und schließlich beruhigt nach Hause fahren. Bei der Vorstellung, dass ich mich noch einmal so richtig verausgabe, bis es überall schmerzt, wird mir ganz warm im Bauch. Das ist es, was ich im Moment brauche: Bis an den Rand der Erschöpfung gehen, mein Fett wie einen überflüssigen Panzer abstoßen und irgendwann als schlanker, schöner Schwan wieder auftauchen. Ich sehe schon Billis erstauntes Gesicht vor mir. Was – du und so eine Figur? Wie ist das möglich? Nur ich hab das Recht, schön und schlank und grazil zu sein!

Da hast du dich geschnitten, Billi Schütz! Was du kannst, kann ich schon lange!

Also ran an den Speck. Die Trainerin triezt uns und quält uns, aber hinterher fühle ich mich einfach bombig. Zwar bin ich mit meinen Kräften nun wirklich am Ende, aber wenigstens ist der widerliche Fressanfall von gestern vergessen.

Ewig lange stehe ich danach mit glühenden Wangen unter der Dusche und lasse mich vom warmen Wasser berieseln. Was mache ich nur wegen der Hausaufgaben? Stella mit ‚st' oder Julie Brown anrufen? Nein... Lieber werde ich diesen Zustand totaler Erschöpfung, totalen Glücklichseins genießen.

Als ich fertig angezogen bin, ist es schon ein Uhr. Gut so. Eigentlich kann ich jetzt auch auf direktem Weg nach Hause fahren. Ich ziehe meinen Schrankschlüssel aus dem Schloss und gehe zum Tresen, um ihn abzugeben, doch da... Habe ich Halluzinationen oder hockt dort tatsächlich Fleischfresser Sven? Eindeutig... Dieselben blonden Haare, mit etwas Haargel zerstrubbelt, jetzt guckt er hoch und grinst mich an, als wäre er kein bisschen erstaunt mich zu sehen.

„Ach, Hiltrud!", sagt er und steckt sich ein Gummibärchen in den Mund.

„Für dich bin ich immer noch Nina." Vor lauter Verlegenheit fange ich an, auf meiner Unterlippe herumzukauen.

„Das weiß ich doch. Aber Spaß muss sein." Er hält mir die Tüte mit den Gummibären hin.

„Nein, danke."

Es ist mir ein absolutes Rätsel, was dieser Typ hier zu suchen hat. Ich werde Beschwerde einlegen. Schließlich ist dieses Studio nur für Mädchen und für Frauen!

Ich lege Sven meinen Spintschlüssel hin, warte, dass er endlich mal mein Pfand rausrückt. Immer noch grinsend schnappt er sich den Schlüssel und geht in Zeitlupe zu den Fächern seitlich vom Tresen.

Ein bisschen dalli, sage ich in Gedanken. Schließlich habe ich nicht alle Zeit der Welt.

„Tja, tja...", murmelt Sven und reicht mir meine Herzchenkette, die ich heute abgegeben habe. Ich greife danach, aber – oh shit – Sven hält sie einfach fest, unsere Finger berühren sich kurz und ich werde rot. Dann lässt er das Herz vor meinen Augen hin- und herschwingen.

„So schnell sieht man sich wieder!" Endlich gibt er meine Kette frei. „Weglaufen nützt eben nichts." Breites Lachen. „Und Frikadellen schluckt man besser runter..."

„Idiot", zische ich und mache, dass ich davonkomme.

Ich will es nicht glauben! Berlin hat 3,7 Millionen Einwohner, wie kann es da passieren, dass ich ständig diesem Typ über den Weg laufe? Ob er mir vielleicht nachstellt? Nein, das ist Blödsinn. Ich bin nicht so toll, dass auch nur irgendein Junge auf die Idee käme mir aufzulauern. Okay, wenn ich 45 Kilo wiegen würde, lägen die Dinge schon anders, ich meine, dann wäre wenigstens meine Figur okay...

Was mich am meisten fertigmacht, ist die Tatsache, dass ich diesen Idioten von Sven auch noch ganz süß finde. Warum, weiß ich nicht. Bisher waren blonde Jungs für mich nicht mehr als Buttermilch mit Spucke. Aber dieser hier...? Wie ist es bloß möglich, dass mich so ein Fleischfresser mit Knatterstimme derart aus der Fassung bringt?

Als ich auf die Treppen runterlaufe, höre ich ihn auf einmal ganz laut rufen:

„Ni – na!"

Blöd wie ich bin, gucke ich auch noch hoch. Sven hängt über dem Treppengeländer und fuchtelt wild mit den Armen.

„Gehst du mal mit mir ins Kino?"

Ich zeige ihm nur einen Vogel und laufe mit zittrigen Beinen weiter. In mir drin ist jedoch so etwas wie eine Revolution ausgebrochen. Noch nie hat sich ein Junge meinetwegen freiwillig der Gefahr ausgesetzt, übers Treppengeländer zu fallen.

Man sollte so etwas nicht tun. Fast gut gelaunt zu Hause ankommen und denken, dass das Leben vielleicht mal besser wird. Garantiert gibt's dann just in diesem Moment den Faustschlag ins Gesicht.

Genau das passiert mir jedenfalls. Mama reißt die Tür auf, bäumt sich zu einer Riesin auf und bombardiert mich mit einem wütenden Wortschwall. Natürlich geht es darum, dass ich nicht in der Schule aufgetaucht bin, ich hätte es mir ja denken können.

„Wo, Herrgott noch mal, warst du?", keift sie.

Mein Mund ist wie zugeklebt.

„Wo du warst?"

„Beim Sport."

„Ach so. Beim Sport." Mama sagt das geradezu unheimlich ruhig, stößt dann einen Lacher aus. „Weißt du was? Hier ruft die Schule hundertmal an und fragt, ob dir vielleicht was zugestoßen ist, und du bist beim Sport!"

„Wieso haben die überhaupt angerufen?", frage ich erstaunt. „Jeder fehlt doch mal. Wegen Krankheit oder so."

„Natürlich. Aber es gibt Mütter, die dringend aus dem Haus müssen, weil sie einen Arzttermin haben – nur mal zum Beispiel. Und dann können sie aber nicht weggehen, weil die schusselige Tochter ihren

Schlüssel vergessen hat." Mama kommt jetzt richtig in Fahrt und schnaubt wie ein Pferd. „So bleibt ihnen nichts anderes übrig, als im Schulsekretariat anzurufen, um der gnädigen Tochter etwas ausrichten zu lassen. Kannst du mir so weit folgen?"

Oh ja, ich kann ihr folgen und fühle mich zudem richtig grässlich. Um nichts in der Welt bin ich scharf darauf, Mama eine Erklärung abzuliefern. Wenn ich von meinem Durchfall erzähle, wird sie umso mehr toben. Mit Durchfall gehört man ins Bett, wird sie sagen. Und nicht in ein Fitnessstudio.

„Kann ich in mein Zimmer gehen?", frage ich.

„Bitte. Nur zu. Aber erspare mir in Zukunft weitere Peinlichkeiten dieser Art."

Wie blöd! Alles nach hinten losgegangen. Und wer ist schuld? Großmutter mit ihrer verdammt noch mal so leckeren Pizza! Jawohl!

Völlig ermattet lege ich mich aufs Bett und kugele mich in meine Decke. Wie konnte ich nur so dämlich sein und glauben, dass mein Schwänzen nicht auffällt? Früher oder später hätte ich Mama eh alles beichten müssen – wegen der Entschuldigung und so. Andererseits hat sie es gar nicht anders verdient. Selbst schuld, wenn es ihr nur darum geht, vor der Schule den Schein der heilen Familie zu wahren!

Die erste Hälfte des Nachmittags verbringe ich damit, mir einzureden, dass ich a) keinen Hunger habe, dass mir b) der Zoff mit Mama nichts ausmacht und dass ich c) Sven ziemlich uncool finde.

Als ich mir alle drei Punkte eingehämmert habe, ringe ich mich doch dazu durch, Julie Brown wegen der Hausaufgaben anzurufen. Fehlanzeige. Nicht zu Hause, die Pute. Und wenn ich doch meine Notreserve Stella mit ‚st' in Anspruch nehme? Ich breche mir bestimmt keinen Zacken aus der Krone… Schon entschieden. Zum Glück finde ich Madame (beziehungsweise ihre Eltern) im Telefonbuch und noch mal zum Glück ist sie auch zu Hause.

„Hey, du! Was für eine Überraschung!"

Selten in meinem Leben habe ich mit jemandem telefoniert, der sich derart über meinen Anruf gefreut hat. Stella erkundigt sich besorgt, warum ich denn nicht in der Schule gewesen sei.

„Durchfall", murmele ich nur und trage ihr schnell mein Anliegen vor. Bloß keine freundschaftlichen Gefühle aufkommen lassen.

„Wenn du willst, schaue ich gleich bei dir vorbei und zeige dir, was wir heute durchgenommen haben", schlägt Stella vor.

„Nicht nötig", sage ich. Und: „Wer weiß – vielleicht ist mein Durchfall ansteckend."

„Ach, Blödsinn." Stella lacht. „Ich komme dann gleich." Ohne dass ich noch einen Einwand vorbringen kann, legt sie auf.

Ach du meine Güte! Die Frau legt ein Tempo vor! Und woher weiß sie überhaupt, wo ich wohne?

Mit einem Gefühl zwischen Geschmeichelt -und Sauer-Sein trage ich die Telefonbücher zurück ins Arbeitszimmer. Eigentlich kann ich es überhaupt nicht leiden, wenn sich fremde Leute in mein Zimmer und damit in mein Leben pressen. Ich finde, es geht niemanden was an, wie ich wohne. Schließlich veröffentliche ich auch nicht eine Auswahl meiner Unterwäsche oder meiner Post der letzten fünf Jahre in der BILD-Zeitung.

Eine halbe Stunde später klingelt Stella mit ‚st'. Bis zur letzten Sekunde hatte ich noch geglaubt, sie würde mich nur verkackeiern, aber jetzt bin ich wirklich eines Besseren belehrt.

Pausbäckig und grinsend steht sie in der Tür und reicht mir ein Päckchen Fencheltee.

„Von meiner Mutter. Ist gut für deinen Bauch."

„Danke." Ich schubse Stella in mein Zimmer. „Mach's dir bequem. Ich hol uns nur schnell was zu trinken."

Das muss sein. Wenn sie schon so nett ist und mir extra etwas mitbringt.

„Woher hast du eigentlich meine Adresse?", frage ich sie, als ich mit zwei Gläsern und einer Flasche Apfelsaft zurückkomme.

„Steht doch im Klassenbuch", antwortet sie, als sei es ganz normal, stündlich im Klassenbuch herumzublättern, um die Adressen der Mitschüler auswendigzulernen. Und dann fügt sie noch hinzu, dass sie die Farbe meiner Wände spitze fände.

Ein Pluspunkt für sie. Trotzdem will ich nicht groß Zeit verlieren und privates Zeugs mit ihr bequatschen. Also dränge ich darauf, sofort mit der Arbeit anzufangen.

Zuerst hören wir uns gegenseitig Französisch ab, danach gehen wir Mathe und Physik durch und erledigen auch noch in einem Abwasch die Hausaufgaben. Geht alles ratzfatz und macht sogar Spaß.

„Wir könnten doch öfter zusammen lernen", schlägt Stella vor. Beim Lächeln bilden sich Grübchen in ihren rundlichen Wangen.

„Na ja…", sage ich nur und drehe mich verlegen zur Seite.

So nett es von Stella ist, mir die Aufgaben zu bringen, so will ich doch nicht, dass sie sich nach und nach bei mir einnistet und sich als meine beste Freundin verkauft. Für so was habe ich sowieso keine Zeit.

„Okay, ich geh dann mal", sagt Stella, als ich ihr immer noch keine Antwort gebe.

Keine Ahnung, ob sie beleidigt ist oder nicht. Falls ja, lässt sie es sich jedenfalls nicht anmerken.

Beim Abendbrot ist wieder tricksen angesagt. Wir – also Billi, Mama, Papa und ich – essen alle zusammen bei Großmutter und ihrem Paul Kühne. So eine Art Kennenlerntreff, dem ich mich schwer entziehen kann.

Vorweg gibt es Ruccolasalat mit Parmesansplittern, als Hauptgericht Kaninchen im Tontopf. Ich esse ein bisschen Salat, vom Hauptgang nehme ich mir nur anderthalb Paprikaschoten. Sie können ja wohl nicht allen Ernstes von mir verlangen, dass ich süße Kaninchen aufesse!

Zum Glück sagt keiner einen Ton – wenn auch nur, um vor Paul Kühne das Bild einer perfekten Familie abzugeben. Außerdem ist Billi mal wieder der Star des Abends.

„Meine Große besucht ab nächster Woche für vier Wochen einen Tanzworkshop", erzählt Papa dem weißen Riesen mit stolzgeschwellter Brust. „In der Schweiz."

Na klasse, dass ich so nebenbei auch mal davon erfahre. Aber in dieser Familie bin ich ja mittlerweile unter den Status des Geschirrspülers gerutscht. Andererseits freue ich mich, dass ich ein paar Wochen lang meine Ruhe haben werde. Keine Ballettschuhe auf dem Küchentisch, keine angeberischen und schlammbraunen Trikot-Anproben vor dem Flurspiegel, kein Klaviergedudel in Billis Zimmer.

Paul Kühne stößt bewundernde Ah- und Oh-Laute aus. Dabei bin ich mir sicher, dass er vom Ballett so viel Ahnung hat wie ich von Verkalkungsprozessen älterer Menschen. Zu allem Überfluss bittet er Billi, doch mal eine Kostprobe ihres Könnens zu geben. Grauenvoll. Es gibt nichts Peinlicheres als meine Schwester auf Spitze und mit tragischem Gesichtsausdruck im Wohnzimmer!

Aber publicitygeil, wie sie ist, steht Billi sofort auf und tanzt eine Tour Piqué um den Esstisch. Mama, Papa und Großmutter strahlen glücklich; Paul Kühne klatscht begeistert in die Hände. Ehrlich – ich freue mich auf den Tag, wo ich als Rentnerin bei irgendeiner weißhaarigen Ponyfrisur aufgenommen und mit solchen Aktionen nichts mehr zu tun haben werde!

Als Billi endlich mit Angeben fertig ist und Paul Kühne immer noch wie verrückt klatscht, beugt sich Papa zu mir runter und fragt mich, was ich mir denn dabei gedacht hätte, heute Morgen einfach die Schule zu schwänzen.

Ich glaub's nicht! Während Billi sich in ihrem Erfolg sonnen darf, werde ich hier auch noch öffentlich an den Pranger gestellt!

„Hab ich etwa jemanden umgebracht?", höre ich mich auf einmal ziemlich laut sagen.

Jetzt sind alle Augen auf mich gerichtet. Paul Kühne hält mitten im Klatschen inne; sein Mund steht auf groteske Weise offen.

Niemand sagt einen Ton. Nur Billi setzt sich wieder hin, um ganz normal weiterzuessen.

Ohne mich, liebe Leute! Nicht eine Sekunde länger halte ich das aus. Ich knalle meine Serviette und die Gabel samt Paprikarest auf den Teller und düse die paar Treppen runter zu unserer Wohnung. Im selben Moment fällt mir ein, dass ich ja gar keinen Schlüssel bei mir habe. Mit Tränen in den Augen lasse ich mich auf den Treppenabsatz fallen.

Da klappt oben eine Wohnungstür. Wenn Billi sich jetzt runterbequemt, werde ich ziemlich ungemütlich, das garantiere ich... Zum Glück ist es Großmutter. Ohne ein Wort zu sagen, schließt sie unsere Wohnungstür auf, nimmt mich wie eine Zweijährige an die Hand und bringt mich in mein Zimmer.

„Jetzt fang du nicht auch noch zu motzen an!", sage ich und presse mir vorsichtshalber schon mal ein paar Tränen raus.

„Ich motze doch gar nicht!" Großmutter lacht verschmitzt. „Hab ich dich jemals angemotzt?"

„Nein." Ich muss jetzt auch lachen. Irgendwie hört es sich ziemlich komisch an, wenn Großmutter motzen sagt. Ich wische mir die Tränen ab und schnäuze in ein völlig vertrocknetes, fast schon krümeliges Taschentuch, das ich unter meinem Kopfkissen vergraben habe.

„Pass mal auf, Nina", sagt Großmutter im Predigertonfall. „Ich finde es völlig in Ordnung, wenn du dir mal einen Tag Auszeit nimmst. Das habe ich früher getan, das hat deine Mutter getan, dein Vater bestimmt auch, und selbst heute steht es bei uns allen ab und zu auf der Tagesordnung."

„Und warum machen sie dann gleich eine Staatsaffäre draus?"

„Vielleicht weil sie Angst haben, dass das Schwänzen einreißt und du irgendwann die Schule schmeißt..."

„Als ob ihnen das was ausmachen würde!", brause ich auf. „Sonst interessieren sie sich doch auch kein Stück für meine Noten!"

Großmutter nimmt mir das zerknüllte Taschentuch aus der Hand und wirft es in den Müll. „Doch, das tun sie. Ich weiß, dass sie sehr stolz auf dich sind, auch wenn du es vielleicht nicht so merkst."

„Kein Wunder. Immer heißt es nur Billi hier, Billi da! Dabei ist meine Schwester 'ne halbe Analphabetin!" Ich fange wieder an zu weinen.

„Meinst du nicht, dass du jetzt ein wenig ungerecht bist?"

„Mir doch egal!"

Großmutter legt den Arm um mich und streichelt meinen Oberarm.

„Billi tanzt und das ist fantastisch. Du bist eine sehr begabte Schülerin und das ist ebenfalls fantastisch."

Lügt euch doch alle selbst in die Tasche! Natürlich bin ich eine begabte Schülerin. Aber das finden alle selbstverständlich. Tanzen hingegen ist das Privileg von Halbgöttinnen...

Ich stehe auf und hole mir die Papiertaschentücher vom Schreibtisch.

„Du bist tatsächlich auf Diät, nicht wahr?", fragt Großmutter hinter meinem Rücken.

Mir wird heiß und kalt und dann wieder heiß. Kurz entschlossen nicke ich, drehe mich aber nicht um. Wahrscheinlich hätte es sowieso keinen Sinn, Großmutter weiter anzulügen.

„Du bist ziemlich dünn geworden."

„Stimmt doch nicht!", verteidige ich mich. Und überhaupt – wie kann Großmutter bei meinem Schlabberlook etwas von meiner Figur erkennen?

„Stimmt doch."

Ich drehe mich um, muss komischerweise grinsen. Als hätte Großmutter mir das schönste Kompliment der Welt gemacht.

„Jetzt hörst du aber bitte wieder damit auf."

„Ja... Mal sehen...", murmele ich.

„Du darfst nicht mehr dünner werden, Nina. Wenn du jetzt weitermachst, bist du irgendwann nur noch Haut und Knochen."

„Okay."

„Versprichst du mir, dass du ab sofort wieder normal isst?"

„Jaaa!", antworte ich genervt. „Versprochen."

„Gut." Großmutter gibt mir einen Gutenachtkuss und geht winkend aus dem Zimmer.

Natürlich werde ich nicht mit der Diät aufhören – was glaubt Großmutter eigentlich?

11

47 Kilo! Noch zwei müssen runter – mindestens –, aber das Leben sieht auch so schon um einiges rosiger aus. Billi ist endlich auf ihrem Lehrgang, in Bio habe ich eine Eins geschrieben, in Englisch eine Zwei plus, und Fleischfresser Sven ist mir zum Glück nicht mehr über den Weg gelaufen – weder im Fitnessstudio, noch in der Millionenstadt Berlin. Das einzig Blöde: Seit unserem Strebertag in meinem Zimmer klebt Stella wie ein Blutegel an mir und versucht mich auszusaugen. Aber das lasse ich mir nicht gefallen. Als sie mich fragt, ob sie nicht mal wieder vorbeischauen solle, sage ich, mein Zimmer werde gerade renoviert und außerdem habe meine Mutter eine verteufelt ansteckende Grippe. Ich denke, sie müsste genug von meinen Ausreden haben und langsam mal durchblicken, aber irgendwie schreckt sie gar nichts ab. Wie soll ich ihr nur beibringen, dass ich keine engen Freundschaften will und brauche? Mein Leben ist ganz und gar ausgefüllt: Schule, Hausaufgaben, Sport, Fernsehen, jeden Tag dasselbe, und so soll es auch bleiben. Da lobe ich mir doch meine Banknachbarin Julie Brown, die immer nur ein wenig vor mir angeben will, mich ansonsten aber in Ruhe lässt.

Seit ein paar Tagen habe ich es mir zur Gewohnheit gemacht, nach der Schule erst einmal nach Hause zu düsen, um in aller Ruhe meine Hausaufgaben zu erledigen, so dass ich dann später je nach Lust und Laune ein bis zwei Stunden trainieren kann. Mama hält mich zwar für verrückt, weil ich außer samstags und sonntags jeden Tag hinfahre, aber was will sie eigentlich von mir? Mal beschwert sie sich, dass ich kein Durchhaltevermögen habe, und wenn doch, ist es auch wieder verkehrt. Heute beim Mittagessen hat sie mich doch glatt gefragt, warum ich das nette Mädchen aus meiner Klasse nicht mal wieder einladen würde.

„Weil ich keine Zeit habe."

„Wenn du nur jeden zweiten Tag Fitness machen würdest, hättest du Zeit."

Absolut logisch, aber indiskutabel. Punktum. Und wenn die netten Mädchen noch so nett sind.

Heute gehe ich schon eine Stunde früher zum Sport, um bei einem Einführungskurs Step-Aerobic mitzumachen. Ich habe mal aufgeschnappt, wie jemand sagte, Step-Aerobic sei härter als jeder andere Kurs, aber das ist nur gut so. Bestimmt verbraucht man beim Rauf- und Runtersteigen des Plastik-Steps irrsinnig viele Kalorien.

Wie angekündigt, unterrichtet heute meine Lieblingstrainerin Ilka, die ich schon aus dem Problemzonen-Gymnastikkurs kenne. Ilka legt immer die peppigste Musik auf und ist außerdem noch Meisterin im Scherzen. So auch heute. Doch leider muss ich mich derart auf die doch komplizierten Schrittfolgen konzentrieren, dass ich kaum etwas von ihren Witzen mitbekomme. Schon nach einer halben Stunde bin ich ziemlich alle und würde mich gerne ein paar Minuten hinsetzen, aber was macht das für einen Eindruck? Dick und untrainiert – typisch!

Also ackere ich tapfer weiter. Marschieren, over the top und v-step, meine Beine zittern, kaum noch Speichel ist in meinem Mund... Nicht schlappmachen, herrsche ich mich an. Halt durch, halt durch! Nur noch knapp fünfzehn Minuten, dann kommt schon der Entspannungsteil. Ich atme tief in den Bauch, versuche, die Übungen etwas relaxter durchzuführen, was mir aber bei dem Tempo kaum gelingt. Zum Glück dürfen wir jetzt eine Weile vor dem Step marschieren, es geht, meine Beine wackeln zwar, sind aber immerhin so nett, mich noch zu tragen.

Eine Viertelstunde später ist der Spuk vorüber. Dehnungsübungen, tief ein- und ausatmen – vielleicht kann ich nach einer kleinen Pause sogar noch aufs Fahrrad steigen...? Ich stelle das Step zurück zu den anderen und verlasse ein wenig wankend den Fitnessraum. Mein erster Weg führt auf die Toilette, wo ich viel zu hastig Wasser aus dem Hahn trinke. Ich weiß, dass es meinem Magen nicht unbedingt gut tut, aber ich habe so schrecklichen Durst, dass ich mich eben nicht beherrschen kann.

Ein Blick in den Spiegel. Dieses violettrote Fratzengesicht soll meins sein? Aber egal. In der Umkleidekabine hole ich einen Zehnmarkschein aus meinem Portemonnaie, will ihn vorne wechseln, um mir eine Cola Light zu ziehen. Die wird mich schon wieder auf Vordermann bringen. Gemächlich schlurfe ich nach draußen, wo mich zum zweiten Mal in diesem Leben der Schlag trifft. Wie konnte ich bloß annehmen, dass Svens Anwesenheit neulich nur ein einmaliges Intermezzo war? Bin ich denn wirklich so unglaublich naiv?

„Hallo, Hil... äh... Nina!" Er schleudert mir diese Wortfetzen breit grinsend entgegen. „War anstrengend heute, mh?"

Kurz überlege ich, ob ich einfach auf dem Absatz kehrtmachen und mich bis zum Sankt Nimmerleinstag in der Umkleidekabine verkriechen soll, aber was würde das schon bringen?

„Kannst du bitte wechseln?", frage ich Sven und schäme mich entsetzlich für meine rote Birne.

„Logo." Er nimmt mir den Schein aus der Hand, öffnet eine Metallschatulle und gibt mir einen Fünfer, zwei Zweimarkstücke und zwei Fünfzigpfennigstücke raus.

Ohne Sven noch einmal anzusehen, düse ich zum Cola-Automat und werfe das Geld ein. Mist! Das Ding spinnt! Hat meine Moneten gefressen und wirft kein Getränk aus! Gerade, als ich wütend gegen den Automaten treten will, kommt mir Sven zu Hilfe. Es sieht aus, als wolle er in die Auswurflade kriechen, er fingert dort eine Weile herum und schwupps – hat er eine Cola Light in der Hand.

„Was ist denn nun mit Kino?", fragt er und steht etwas unbeholfen rum.

„Gar nichts…" Hastig ziehe ich mein Schlabber-T-Shirt über meinen unförmigen Po. Wie schade, dass ich Sven nicht mit einem sexy schlammfarbenen Catsuit in Billi-Art beglücken kann.

„Du und ich und James Bond – das wär genau die richtige Kombination."

„Soso", sage ich und öffne die Cola mit einem Ruck. Ein paar Spritzer landen auf Svens Hemd.

„Oh sorry." Ich traue mich nicht, auf seinem Hemd herumzuwischen, aber auch Sven reagiert nicht.

Damit die eh schon peinliche Situation nicht noch peinlicher wird, mache ich auf dem Absatz kehrt und marschiere Richtung Umkleidekabine. Hoffentlich guckt Sven jetzt nicht auf meinen fetten Po.

„Nina?"

Ich drehe mich um und finde plötzlich, dass Sven einen Mund zum Anknabbern hat.

„Nächstes Mal entkommst du mir aber nicht!"

Tausend warme Bäche rieseln durch meinen Körper. Bin ich denn bescheuert oder was ist mit mir los?

„Ich denke, dieses Studio ist nur für weibliche Wesen", entfährt es mir. „Was hast du hier eigentlich zu suchen?"

Sven lacht mit extremer Neigung zur Grübchenbildung.

„Stört es dich, wenn ich hier jobbe?"

Unsicher hebe ich die Schultern. Sven kommt einen Schritt auf mich zu.

„Tut mir echt Leid, aber ich kann's nicht ändern. Das Studio gehört meinem großen Bruder und Jobs liegen nun mal nicht auf der Straße."

„Oh", sage ich nur und verschwinde schnell im Umkleidebereich.

Ein Mund zum Anknabbern, Grübchen beim Lachen – warum springe ich eigentlich nicht über meinen Schatten und gehe mit ihm ins Kino? Nein... Was für ein Blödsinn! Ich glaube, ich leide unter massiver Geschmacksverirrung.

Schluss für heute. Ich möchte nicht, dass dieser Fleischfresser mir noch einmal ein Gespäch aufzwingt. Und überhaupt, wie kommt er dazu, mich ständig anzusprechen, wo ich beim Handballfest so garstig zu ihm war?

Unter der Dusche lasse ich mir ganz gegen meine Gewohnheit eiskaltes Wasser über den Rücken laufen. Das ist die beste Art, nüchtern zu werden und mir eine „Wie-geh-ich-Sven-aus-dem-Weg"-Taktik auszudenken.

Ich will nicht, dass er mich hier sieht. Was gehen ihn schon mein Schweiß, mein knallrotes Trainingsgesicht und mein hässlich fetter Körper an?

Gleich am nächsten Morgen hänge ich mich nach der Schule ans Telefon und wähle die Nummer des Fitnessstudios.

„Hier ist Bine", sage ich mit verstellter Stimme, als sich eine gewisse Hella meldet. „Ich bin eine Freundin von Sven", fahre ich ganz professionell fort. „...und würde gerne wissen, wann er die nächsten Wochen so arbeitet." Stille in der Leitung. „Sven hat mir ein Buch geliehen, das er jetzt zurückbraucht."

„Du kannst es auch einfach an der Rezeption abgeben."

„Nee. Ist persönlich", sage ich schnell.

Gleich fliegt es auf, gleich, aber dann meint Hella nur „Einen Moment", und legt den Hörer daneben.

Kurz darauf ist sie wieder am Apparat. „Hörst du? Er arbeitet eigentlich so wie immer. Montags von 17–22 Uhr, samstags von 11–18 Uhr und sonntags auch."

„Danke!", flöte ich in die Muschel und lege total happy auf.

Ich hab mit allem gerechnet. Warum, wieso und weshalb, tausendundeine Antwort hatte ich mir zurechtgelegt und jetzt ging alles ganz leicht.

Rasch notiere ich die Termine. Montag 17–22 Uhr, Samstag und

Sonntag 11–18 Uhr. Eine klare Sache. Zu diesen Zeiten werde ich eben einfach nicht mehr im Studio auftauchen. Montags kann ich gleich nach der Schule trainieren, nur am Wochenende wird's schwierig. Da das Fitnessstudio erst um 10 Uhr öffnet, aber bereits um 18 Uhr schließt, hätte ich vorher nur knapp eine Stunde Zeit…

Gerade, als ich noch darüber nachgrübele, ob ich auch mit einer Fitnesspause am Wochenende weiterabnehmen kann, steht Mama plötzlich hinter mir. Wie ertappt klappe ich das Telefonbuch zu.

„Hast du mal einen Moment Zeit?", fragt sie mit einem völlig undurchsichtigen Gesichtsausdruck.

Gespräche, die mit dieser Frage eingeleitet werden, gehören erfahrungsgemäß zum eher unangenehmen Teil des Lebens. Ich folge Mama in die Küche, wo sie vorschlägt, uns eine heiße Schokolade zu kochen.

„Ich will nicht", sage ich und fühle Hitze in mir aufsteigen.

Heiße Schokolade – hmm! Wann habe ich so etwas zum letzten Mal getrunken?

„Vielleicht kannst du dir vorstellen, warum ich mit dir reden möchte", fängt Mama an.

„Nein." Ohgottohgottohgott, hoffentlich kommt nicht gleich das Thema Diät.

„Ich habe mit Großmutter gesprochen", fährt Mama mit Grabesstimme fort. „Sie fand es ja nicht schlimm, dass du geschwänzt hast…"

Oh no! Nicht schon wieder die olle Kamelle! Ich sehe Mama erwartungsvoll an, aber sie schweigt eine Weile, bevor sie weiterspricht: „Irgendwie hat sie schon Recht. Wahrscheinlich war es nur ein Ausrutscher und alles ist halb so schlimm…"

„Aber…?"

„Nichts aber." Mama lächelt. „Du machst uns ja sonst so gut wie nie Schwierigkeiten und ich weiß, dass die Pubertät eine harte Zeit ist."

„Mama, worauf willst du eigentlich hinaus?"

„Ich möchte dir nur sagen, dass ich…, na ja, dass ich schon Verständnis für deine Situation habe."

Ich fasse mich an den Kopf und stoße einen lauten und ziemlich unfeinen Grunzer aus. Was für eine Situation? Die Pubertät vielleicht? Erwachsene, die sich anmaßen, mit Jugendlichen über das böse Gespenst „Pubertät" fachsimpeln zu wollen, sind einfach lächerlich. Auch wenn sie selbst alles mal durchgemacht haben, glauben sie doch tatsächlich, man würde von zwölf bis vierzehneinhalb auf Grund einer plötzlichen Hormonausschüttung völlig durchknallen, Drogen nehmen oder rund um die Uhr onanieren. Ich bin ich! Völlig wurscht, ob sich meine Situation nun Pubertät schimpft oder nicht!

„Was ist, Nina?" Mama sieht mich erschrocken an.

„Gar nichts. War's das?" Ich stehe auf und bewege mich vorsichtshalber schon mal Richtung Tür.

Mama nickt und lächelt auf einmal ganz verzückt. „Gut schaust du aus", sagt sie dann.

„Danke."

„Du hast ein bisschen abgenommen, stimmt's? Steht dir…"

Ich glaub, ich hör nicht richtig. Nie und nimmer hätte ich geglaubt, dass ihr das überhaupt auffallen würde. Wie wunderbar! Immerhin fängt sie nicht gleich an zu meckern, so nach dem Motto, Kind, sieh zu, dass du nicht vom Fleisch fällst.

Bevor ich noch rot anlaufe, drehe ich mich um und tapse Richtung Tür.

„Aber jetzt machst du bitte Schluss mit deiner Diät, ja?", ruft Mama mir nach. „Nicht dass du noch zu dünn wirst!"

„Logo", sage ich und beeile mich, in mein Zimmer zu kommen.

Doch nicht so klasse gelaufen. Denn wie ich's auch anstelle – so leicht werde ich sie beim Essen nicht mehr austricksen können.

12

Meine Waage ist mein Leben. Ich wüsste wirklich nicht, wie ich ohne sie einen Tag anfangen sollte. Habe ich ein bisschen abgenommen, komme ich leichtfüßig aus dem Bad gehüpft, stagniert mein Gewicht oder bin ich sogar wieder schwerer geworden, fühle ich mich dick, aufgeblasen und total unförmig. Ein paar Gramm mehr – und das Leben ist die reinste Hölle.

Heute ist so ein ultramieser Fettfühltag. Vor genau 24 Stunden habe ich noch 47 Kilo gewogen, jetzt bewegt sich der Zeiger der Waage um ein paar Millimeter nach rechts. Dabei war ich gestern disziplintechnisch im Rahmen. Vormittags ein paar Äpfel, mittags eine Scheibe Schwarzbrot mit Hüttenkäse, gut, kurz vorm Schlafengehen musste ich ja noch unbedingt eine Banane und anderthalb Butterkekse verdrücken.

Zur Strafe werde ich heute nur drei Äpfel essen. Morgens einen, mittags einen und abends einen. Mama tische ich schon beim Frühstück ein Lügenmärchen auf. Nämlich dass ich gleich im Anschluss an die Schule bei Stella mit ‚st' zum Geburtstag eingeladen sei, wo es erst Kartoffelsalat mit Lachs und später noch jede Menge Kuchen gäbe. Die schon gepackte Sporttasche kann ich auch begründen: Schulsport.

Soweit läuft alles wie geschmiert. Nach der Schule eile ich sofort ins Fitnessstudio, ackere eine halbe Stunde an den Geräten, bevor ich in den Fatburner-Kurs gehe, danach fahre ich ziemlich ausgelaugt, aber glücklich nach Hause. Was macht es schon, sich grässlich hungrig zu fühlen, wenn man nur das fantastische Gefühl hat, leicht wie eine Feder zu sein!

Den dritten Apfel meiner Tagesration habe ich noch nicht gegessen. Zum Glück. Denn ich finde, ich habe eine Belohnung verdient und Äpfel kommen mir mittlerweile schon zu den Ohren raus. Also schmiere ich mir in der Küche (vor Mamas Augen!) zwei Knäckebrote mit Hüttenkäse und schneide zusätzlich eine Tomate auf.

Mama schielt besorgt auf meinen Teller: „Immer noch Kaloriensparen angesagt?", fragt sie.

„Nö. Aber nach drei Stück Kuchen und Kartoffelsalat mit Würstchen hättest du bestimmt auch nicht mehr den Riesenhunger."

„Seit wann isst du denn Würstchen?"

„Ähh..., ich mein ja auch Lachs", lüge ich und mache, dass ich mit meinem Teller rauskomme. Ohgottohgottohgott! Wenn Mama mich noch eine Sekunde länger so skeptisch angeschaut hätte, wäre ich vermutlich knallrot angelaufen.

Außerdem will ich nicht den Anfang von „5 unter einem Dach" verpassen. Fanny sieht heute wieder mal obergöttlich aus. Irgendwie wirkt sie noch zarter und schwereloser als sonst und schwebt die ganze Folge über in einem kunterbunt gemusterten Minikleid durch die Gegend. Zum Glück steht mittlerweile fest, dass der fiese Hausbesitzer die Mädels nicht so einfach rauswerfen kann, aber was viel schlimmer ist: Während Fanny immer noch irrsinnig in ihren Fitnesstrainer Rolf verliebt ist, macht der sich ohne ihr Wissen an so eine dickbusige Fitnesstrainerin ran, die er zwecks Knutsch-Aktionen in seinem Studio anstellt. Ich finde, das hat Fanny nicht verdient, ehrlich nicht, und warum steckt ihr eigentlich niemand, dass sie diesen Muskelrolf getrost zum Mond schießen kann?

Währenddessen kaue ich in Zeitlupe meine Knäckebrote, genieße jeden Bissen wie Nudeln in cremiger Lachs-Sahne-Soße. Für eine Weile verdünnisiert sich mein Hunger auch, doch als der Abspann läuft, stellt er sich bereits wieder ein, leider nicht als Glückshunger, sondern als fieser Kneifhunger.

Um mir die Zeit zu vertreiben, hole ich mir sämtliche Kochbücher aus der Küche und studiere Rezepte. Das ist in letzter Zeit zu so etwas wie eine Lieblingsbeschäftigung von mir geworden. Schließlich muss ich mich ja auf die Zeit vorbereiten, in der ich 45 Kilo wiege und wieder mit dem Essen anfangen kann! Als erstes werde ich dann Spaghetti mit Gorgonzola-Sahnesoße kochen, vielleicht auch Pizza mit Spinat und ganz viel Käse, Bohneneintopf mexikanisch...

Mein Mund fühlt sich wie ausgedörrt an, in meinem Bauch kneift es. Obwohl die Uhr erst halb neun zeigt, putze ich mir schon mal die Zähne und lege mich mit den Kochbüchern ins Bett. Die vielen schönen bunten Gerichte sehen so verlockend aus, dass ich vor lauter Gier am liebsten die Seiten verschlingen möchte. Aber je mehr ich blättere, desto glücklicher bin ich, heute kaum etwas gegessen zu haben. Eine Eins fürs Disziplintagebuch.

Dann fällt es mir siedend heiß ein: Morgen schreiben wir eine Geschichtsarbeit. Wie grauenhaft! Ich habe kein bisschen gelernt und da mir Geschichte sowieso nicht einfach so in den Schoß fällt, wird's nicht gerade rosig für mich ausschauen.

Schnell klappe ich das Kochbuch zu und hole mir das Geschichtsbuch ins Bett. Weimarer Republik, S. 104. Mit den Augen lese ich Fakten und Zahlen, aber irgendwie bleiben sie nicht in meinem Gedächtnis haften. Nach einer halben Stunde gehe ich an den Anfang des Textes zurück und stelle mit Erschrecken fest, dass mir der Text total unbekannt vorkommt!

Also noch mal das Ganze. Ich lese und lese – warum bin ich nur so entsetzlich müde? Und dann klappen mir tatsächlich einfach die Augen zu...

Mitten in der Nacht wache ich davon auf, dass mich das Geschichtsbuch in die Seite piekt. Mit voller Wucht schleudere ich es aus dem Bett. Mir doch egal, wenn die Arbeit danebengeht! Ich will mich gerade wieder ins Kissen kuscheln, als mir einfällt, dass ich von Sven geträumt habe. Sven... Sein süßes braunäugiges Grübchenlachen und irgendwie hatte ich seine Hand auf der Schulter... Es war im Fitnessstudio, ja, genau, ich stehe auf dem Stepper, Sven neben mir, er fummelt an der Anzeigetafel herum... Wie schlank du bist, sagt er und lächelt zu mir hoch. Ich sehe an mir runter, auf einmal stecke ich in Billis schlammbraunem Ballettdress, habe auch ihre Wahnsinnsfigur und dann werde ich plötzlich zu Fanny mit kupferroten, kinnlangen Haaren...

Ich drehe mich auf die andere Seite, ziehe beide Beine eng an den Körper und fühle mich auf einmal ganz schrecklich einsam. Nicht mal meine Bettdecke ist mir ein Trost. Wenn ich ehrlich bin, kann ich mich selbst manchmal nicht leiden. Wie gemein ich immer zu Stella mit ‚st' bin, wie ich Billi anraunze und Mama, ganz zu schweigen von Sven. Warum bin ich nur so? Warum kann ich nicht mit einem Dauer-Happy-Face durch den Tag gehen und überall Handküsse verteilen?

Schon krempele ich in meiner Phantasie den Alltag schnell mal eben um: In voller Eintracht sitze ich mit meiner glücklichen Rama-Familie beim Frühstück, Blumen stehen auf dem Tisch, Billi reicht mir lieb die Brötchen, und während Papa vorschlägt, später einen Ausflug mit uns zu machen, klingelt Stella, sie frühstückt mit uns, wir üben ein paar Vokabeln, und dann kommt auch noch mein Freund Sven, um mich und Stella ins Kino einzuladen, wo wir kurz darauf Popcorn mampfend sitzen, ich schere mich nicht um Kalorien, und irgendwann küsst Sven mich ganz zart...

Ohjeohjeohje! Ich glaube, manche Träume sind so kitschig, dass sie selbst dem Unterbewusstsein zu albern sind.

Noch nie im Leben ist es mir in der Schule so dreckig gegangen. Die Geschiarbeit. Ich kann nichts, ich weiß nichts, ich bin nichts – vollkommenes Blackout.

Ich versuche, zu Stella mit ‚st' ruberzuschielen, aber ihre langen Haare fallen wie eine blickdichte Gardine auf ihr Blatt, so dass ich keinen Einblick habe. Mist!

Die blöde Kuh von Julie Brown lässt mich nicht abschreiben, natürlich nicht! Sie zieht doch alle Register, um die beste Note der Klasse einzuheimsen. Trotzdem lasse ich auch diesen Schummelversuch nicht ungenutzt. Ich linse kurz zu ihr rüber, wie kann es anders sein, sie merkt es sofort und schiebt ihren Ellenbogen so vor ihren Zettel, dass ich nichts sehen kann.

Wäre ich wenigstens so schlau gewesen und hätte mir heute Morgen noch einen Schummelzettel gemacht. Aber nein – nicht mal das habe ich auf die Reihe gekriegt!

Verzweifelt starre ich auf meinen Zettel. Nur mein Name steht links oben in der Ecke, rechts oben das Datum. Mehr nicht. Ich überlege fieberhaft, was besser ist: Für irgendwelchen zusammengeschriebenen Stuss eine Sechs zu kassieren oder gleich ein leeres Blatt abzugeben?

Besser gleich abgeben. So kann ich immer noch behaupten, mir sei nicht gut. Wenn's einem dreckig geht, darf man schon mal versagen, das ist doch eigentlich ganz normal.

Also packe ich meine Sachen zusammen und stehe auf. Wie auf Bestellung habe ich Sternchen vor den Augen, so dass ich mich für einen Moment an der Tischkante festhalten muss. Na, wunderbar. Dann wanke ich nach vorne, ich weiß, dass mich jetzt alle anstarren.

„Ich... ich kann nicht...", stammele ich und lege Herrn Rentier meinen Zettel vor die Nase. „Mir ist... schlecht... ich..."

Herr Rentier sieht mich besorgt an. Zum ersten Mal fällt mir auf, dass seine Augenbrauen über der Nasenwurzel zusammenwachsen. „Du gehst jetzt rasch ins Sekretariat und legst dich einen Moment hin. Kann dich jemand abholen?"

Ich nicke andeutungsweise und merke, wie mich tatsächlich eine Welle der Übelkeit überrollt. Eine Sekunde später hänge ich in der Ecke und fange an zu würgen.

„Ihh! Die kotzt!", höre ich Julie Brown schreien.

Irgendjemand rennt aus dem Klassenzimmer, dann bin ich auch schon fertig und schaue angeekelt auf meinen Kotzhaufen. Zum

Glück ist es nicht viel, ich hatte ja auch kaum was im Magen, aber der Geruch ist nichtsdestotrotz scheußlich.

Paul, der Frosch, reißt sofort die Fenster auf, kurz darauf tanzt unser Hausmeister Herr Hönig mit Putzeimer und Lappen an, um das Malheur zu beheben. Ich bin ja nicht so und will mich an der Aufwischaktion beteiligen, aber Rentier schickt mich ins Sekretariat.

„Kannst du alleine gehen?"

„Ja."

„Julie", sagt Rentier. „Bitte begleite Nina."

Julie Brown verzieht angewidert das Gesicht, steht dann aber folgsam auf. Natürlich hat sie Schiss sich zu weigern. Könnte ja ihrem Ruf schaden.

Als wir aus dem Klassenraum sind, sage ich ihr, dass sie nicht mitkommen müsse. Ich sehe doch, wie sehr sie sich vor mir ekelt. Das lässt Julie Brown sich nicht zweimal sagen. Sie macht auf dem Absatz kehrt, um dann noch ein Weilchen vor unserem Klassenraum herumzulungern. Die Frau ist wirklich mit allen Wassern gewaschen. Hauptsache, sie kann den lieben Schein wahren.

Während ich ins Sekretariat dackele, überlege ich, wie das eigentlich passieren konnte. Hab ich gekotzt, weil ich einen Grund für die missratene Geschiarbeit brauchte, oder hätte ich sowieso gekotzt?

Eine halbe Stunde später holt Mama mich mit dem Wagen ab.

„Hast du dir den Magen verdorben?"

„Keine Ahnung."

„Grippe?"

„Woher soll ich das wissen?", fauche ich sie an.

„Am besten fahre ich dich gleich zu Dr. Henning."

„Nein! Es geht mir schon viel besser."

Zum Glück nervt Mama nicht weiter rum. Zu Hause steckt sie mich sofort ins Bett und serviert mir schwarzen Tee und Zwieback. Zwar fühle ich mich ziemlich matt, aber übel ist mir nicht mehr. Außerdem freue ich mich, dass ich durch die Kotzerei bestimmt wieder ein paar Gramm abgenommen habe.

So gesehen bin ich ein richtiges Glückskind. Das einzige Problem im Moment ist, dass ich es irgendwie schaffen muss, Sport und Schule unter einen Hut zu kriegen. Denn je mehr ich trainiere, desto weniger Zeit habe ich zum Lernen. Aber wenn ich wieder mehr lerne und weniger Sport treibe, erreiche ich nie im Leben meine Traumfigur!

Okay, ein Tag hat 24 Stunden. Sechs davon bin ich in der Schule, acht schlafe ich. Zwei gehen fürs Essen und die Busfahrerei drauf, eine Stunde fürs Fernsehgucken, eine fürs Rumgammeln – bleiben noch sechs. Sechs lange Stunden. Die müssten doch reichen für Sport und Hausaufgaben – zumindest mit einer gewissen Disziplin. Ich krame mein Kalorien-Disziplin-Tagebuch aus meiner Nachttischschublade und lese die Eintragungen der letzten Zeit. Mit ein paar Ausnahmen habe ich mich von Tag zu Tag gesteigert. Wahrscheinlich kann man Disziplin lernen – so wie Fahrrad fahren oder eine Fremdsprache.

Gerade bin ich dabei, ein wenig wegzudösen, als Mama mit dem Telefon in mein Zimmer platzt. Sie guckt mich an, als habe sie eine Riesentarantel verschluckt.

„Schtella. Sie will dich zu ihrem Geburtstag einladen."

Ach du jemine! Mama reicht mir den Hörer. Kein Kommentar. Nix. Aber ihre Mimik zeigt mir, dass sich die Riesentarantel nicht so ohne weiteres verdauen lässt.

„Stella?", sage ich wie erschlagen in die Muschel. „Ja, es geht mir schon besser. [...] Und vielen Dank für die Einladung. [...] Ja, morgen bin ich wieder in der Schule. [...] Ciao."

Zum Thema Pechvogel gibt es wohl nicht weiter was zu sagen. Hätte ich neulich Julie Brown vorgeschoben, wären sie vermutlich auch auf die Idee gekommen, mich zu ihrem Geburtstag einzuladen.

Nachtrag: Ich hätte meinen Hintern darauf verwettet, dass Mama mich zu einem Pubertät-Teil-Zwei-Gespräch in die Küche bestellen würde, aber nichts dergleichen. Sie hüllt sich vornehm in Schweigen und quält mich nur mit ihrem „Die-Tarantel-liegt-mir-so-schwer-im-Magen"-Blick.

13

46 1/2 Kilo. Der Kotzhaufen im Klassenzimmer hat tatsächlich was gebracht! Völlig euphorisch gehe ich heute in die Schule, und als Rentier mir auch noch anbietet, die Geschiarbeit übermorgen zu wiederholen, ist wirklich alles paletti.

„Immer kriegst du Extrawürste gebraten", nölt Julie Brown in der Pause. „Als ich mal Fieber hatte, musste ich auch eine Vier hinnehmen!"

„Du hast aber nicht in die Ecke gekotzt!", sage ich zu meiner Verteidigung.

„Schlimm genug, dass du dich nicht beherrschen konntest! Das Klassenzimmer riecht immer noch nach... na, du weißt schon!"

Laber, laber! Die Tante hat ja nur einen Riesenhorror, dass ich jetzt mehr Zeit für die Vorbereitung habe und möglicherweise eine bessere Note als sie zustande bringe.

Immerhin ist Stella mit ‚st' total lieb zu mir. Sie erkundigt sich in einer Tour, ob's mir auch tatsächlich besser gehe, und will mich mit ihren Leberwurstbroten aufpäppeln. Die bringen mich allerdings fast dazu, noch einmal zu kotzen – und zwar auf Julie Browns Schulhefte.

Übermorgen Geschiarbeit... Wenn ich schon die Chance bekomme, will ich sie auf keinen Fall vermasseln.

Gleich auf dem Nachhauseweg im Bus knöpfe ich mir das Kapitel „Weimarer Republik" vor, nach einem kurzen Mittagessen (zwei Kartoffeln und ein kleiner Haufen Mohrrüben) verziehe ich mich für zwei Stunden in mein Zimmer, wo ich voller Konzentration die Hausaufgaben hinter mich bringe. Es geht. Womit sich mal wieder meine Theorie bestätigt: Disziplin kann man lernen.

Gegen halb vier mache ich Schluss, packe meine Sportsachen und dampfe ab ins Fitnessstudio. Im Gepäck dabei das Geschichtsbuch. Es muss doch ein Leichtes sein, die Zeit der Aufwärmphase auf dem Stepper oder dem Fahrrad mit Lernen aufzumöbeln und somit zwei Fliegen mit einer Klappe zu schlagen. Je mehr Bewegung, desto mehr Lernstoff wird im Gehirn verankert – eine ziemlich einfache Formel!

Als ich mich dann aufs Fahrrad setze und zu strampeln anfange, kommen mir doch Zweifel. Was, wenn ich mir vor lauter Anstrengung nichts merken kann und sich mein neuer Plan nur als Milchmädchenrechnung entpuppt? Na ja – einen Versuch ist es wert.

Nach dem Aufwärmtraining gehe ich zur Step-Aerobic bei Ilka. Kurz vor Ende – wir wiederholen gerade ein letztes Mal die einstudierte

Schrittfolge – passiert es: Mein rechter Fuß landet nicht in der Mitte des Steps, sondern irgendwo am Rand, ich rutsche ab und strauchele. Ein wahnsinnig stechender Schmerz zieht durch meinen Fuß, Tränen schießen mir in die Augen.

Ilka ist sofort bei mir. Vorsichtig tastet sie meinen Fuß ab und meint, sie würde mir ein Taxi rufen, ich solle auf dem schnellsten Weg einen Arzt aufsuchen. Gebrochen sei der Fuß zwar nicht, aber trotzdem. Dann hilft sie mir auf, legt meinen Arm um ihre Schulter und bringt mich zu der Sitzgruppe.

Erstmal Fuß hoch und tief durchatmen. Ein Mädel von der Rezeption kommt gleich mit einem kalten Umschlag angerast. Eine Weile halte ich den Fuß ruhig, bis ich merke, dass aus dem stechenden Schmerz ein gleichmäßiges Pochen geworden ist. Kann so schlimm nicht sein, denke ich, und bringe Ilka davon ab, mir ein Taxi zu rufen. Irgendwie schaffe ich es auch so nach Hause und den Arzt erspare ich mir sowieso. Kein Wort zu meiner Familie...

Am nächsten Morgen beim Aufwachen fühlt sich der Fuß dann auch schon wieder ganz normal an. Erleichtert springe ich aus dem Bett und will gerade ins Bad hopsen, als ein höllischer Schmerz durch meinen Fuß schießt. Vielleicht hätte ich einfach nicht so brutal auftreten sollen... Was für ein großer Mist! Ich kann es mir unmöglich erlauben, für längere Zeit mit der Fitness zu pausieren!

Zähne zusammenbeißen und weitermachen. Vor der Schule – wir haben erst zur dritten – gehe ich noch schnell in eine Apotheke, um mir ein Schmerzmittel zu besorgen. Ich werfe zwei der kleinen Pillen ein, eine halbe Stunde später lässt der Schmerz tatsächlich nach und ich kann eigentlich wieder ganz normal auftreten. Trotzdem beschließe ich, mir heute Nachmittag eine Ruhepause zu gönnen. Wenn auch in erster Linie wegen der Geschiarbeit, auf die ich mich noch mal in aller Ruhe vorbereiten möchte.

Beim Mittagessen erzählt Mama, Billi habe angerufen, es gehe ihr fantastisch, und am nächsten Wochenende würde sie zu Besuch kommen. Ich nicke nur und nippe an der Tomatensuppe.

„Wann ist denn die Geburtstagsfeier bei Stella?", fragt Mama wie aus heiterem Himmel. Will sie mich quälen oder was? Ich dachte, ihre Tarantel wäre verdaut und das Thema durch.

„Samstag." Mit einem Ruck schiebe ich meinen Teller leicht von mir.

Eigentlich wollte ich dieses vermutlich atemberaubende Fest ohne Mamas Wissen schwänzen, aber langsam kriege ich das Gefühl, dass sie mir wie ein Spion hinterherschnüffelt, auch wenn sie immer so liberal tut.
„Hast du schon ein Geschenk?"
„Nein! Herrje!" Jetzt platzt mir aber langsam der Kragen.
„Falls du Geld brauchst..." Mama nestelt einen Zwanzigmarkschein aus ihrer Hosentasche und schiebt ihn mir rüber. „Im KaDeWe haben sie gerade ganz entzückende Vasen im Angebot."
Entzückende Vasen! Ich glaub, ich würde mir die Kugel geben, wenn ich von Julie Brown oder Billi zum Geburtstag eine entzückende Vase bekäme! Aber wer weiß – vielleicht steht Stella mit ‚st' auf so einen Schrott. Ihr Geschmack zeichnet sich ja sowieso nur dadurch aus, dass er grenzenlos geschmacklos ist.
Wie auch immer. Von mir kriegt Stella jedenfalls keine entzückende Vase. Eher ein entzückendes Deo.
„Muss mich noch auf Geschichte vorbereiten", informiere ich Mama, als sei das eine angemessene Reaktion auf ihre eigentlich lieb gemeinte Spende.
Gerade als ich schon halb aus der Tür bin, pfeift Mama mich mit ungewöhnlich scharfer Stimme zurück.
„Hier geblieben, Madame!"
Ist Mama plötzlich verrückt geworden – oder was?
„Du isst jetzt deinen Teller leer."
„Wie bitte?"
„Du isst jetzt deinen Teller leer!"
„Mama..."
Ihre Order kommt so überraschend, dass ich ehrlich keine Ahnung habe, wie ich reagieren soll. Aber das ist auch gar nicht nötig. Denn Mama steht jetzt auf, packt mich am Schlafittchen und bugsiert mich zurück auf meinen Platz.
„Spinnst du?", versuche ich mich zu wehren und weiß doch gleichzeitig, dass ab jetzt alles anders wird. Vorbei die Zeit meiner grenzenlosen Freiheit.
„Iss. Du brauchst was in den Magen."
Ich starre auf den Teller, rühre mich nicht.
„Nina." Mamas Stimme klingt wieder versöhnlicher. „Du hast abgenommen und das war in Ordnung. Jetzt siehst du top aus und hörst bitte auf mit dem Hungern!"

„Ich hungere doch gar nicht", sage ich leise.

„Und ob du hungerst. Ich schaue mir das jetzt schon eine Weile an, man muss schon ziemlich blind sein, wenn man nicht merkt, was los ist."

„Wie meinst du das?" Plötzlich ist mir, als drehe sich mein Magen einmal um die eigene Achse. Ich fange leise an zu wimmern, weiß nicht, ob vor Übelkeit oder vor Wut.

„Ganz einfach: Ich sehe dich nie mehr etwas essen. Immer behauptest du, du hättest dich unterwegs voll gestopft, und dabei wirst du Tag für Tag dünner. Heute habe ich gedacht, gut, koche ich meiner Tochter ihr Lieblingsgericht, und was passiert? Du isst nicht. Drei Löffel und aus! Früher hättest du drei Teller verdrückt."

Ich muss gestehen, ich bin baff. Nie im Leben hätte ich es für möglich gehalten, dass Mama mein Essverhalten so genau beobachtet. Wenn ich es nur früher geahnt hätte, wäre ich vielleicht auf eine noch genialere Taktik gekommen, die sie niemals durchschaut hätte, aber jetzt fühle ich mich einfach nur überrumpelt.

„Hat Großmutter dich bequatscht – ist es das?"

Mama presst ihre Lippen zusammen, atmet dann tief durch. „Sie hat mich nicht bequatscht. Sie hat mich nur gefragt, ob mir eigentlich aufgefallen wäre, daß du abgenommen hast."

Aha. Verräterin Großmutter!

„Vor kurzem fandest du es noch prima..."

„Ja, aber wenn du kein Ende finden kannst..." Zwischen Mamas Augenbrauen ragt jetzt eine steile Falte empor. „Nina, das macht mir Angst!"

„Pfff", mache ich nur und stehe auf.

„Nina, bitte setz dich und iss deinen Teller leer."

„Ich esse deinen Scheiß nicht!", kreische ich und renne aus der Küche, um mich sofort in meinem Zimmer einzuschließen.

Heulend werfe ich mich aufs Bett. Das Leben ist so verdammt ungerecht! Billi, ja die tolle Billi, die darf als ewige Bohnenstange durchs Leben laufen – Mama auch –, aber ich arme Sau muss es als Fettklops tun. Und warum? Weil sie nicht wollen, dass ich ihnen Konkurrenz mache, so sieht's nämlich aus! Sie wollen strahlend, schön und dünn sein, und je fetter ich bin, desto mehr können sie sich in ihrem Dünn-Sein-Glanz sonnen! Aber nicht mit mir, liebe Leute! Ich habe nur dieses eine Leben, und in diesem bestimme ich, wo's langgeht.

Großmutter hat doch selbst gemeint, ich soll nicht immer nur als braves Mäuschen in der Ecke hocken, nein, meine Zeit ist gekommen, ich bin auf dem besten Weg, mir auch ein Stück von der Dünn-Sein-Torte abzuschneiden!

Ich vergrabe mich in meinem Federbett, ab und zu höre ich es an die Tür klopfen, aber ich mache nicht auf. Irgendwann setze ich mich mit verquollenen Augen an den Schreibtisch und kratze mit der Nagelschere eine Riesenspinne in die Holzplatte. Wenn ich auch auf Mama sauer bin, dass sie mir eine Stunde Geschi-Lernen gestohlen hat, so fühle ich doch gleichzeitig so was wie Erleichterung. Vorbei die Zeit des Lügens und Tricksens. Jetzt brauche ich mein Diäthalten auch nicht mehr zu verstecken und sowieso – niemand wird es mir verbieten können. Meine Abnehmerfolge gehören mir ganz allein.

Mama und ich schweigen uns an. Sie sagt nichts, als ich beim Frühstück ein Knäckebrot entzweibreche und die eine Hälfte dünn mit Hüttenkäse bestreiche. Sie sagt auch nichts, als ich mir nur zwei Mandarinen und ein Stück grüne Gurke als Pausensnack mitnehme, und ich halte ebenfalls meinen Mund. Nicht mal tschüs kommt über meine Lippen. Ich bin bereit zum Kampf.

Nach der Schule – die Geschiarbeit lief richtig klasse – töne ich mir die Haare kupferrot. So wie Fanny. Mama kriegt fast einen Schlag, als sie mich sieht – das merke ich an ihrem starren Tarantelblick –, aber sie sagt immer noch nichts. Eigentlich ist es ganz angenehm mit einer stummen Mutter zusammenzuleben.

Danach ab ins Fitnessstudio. Trotz Pille schmerzt mein Fuß. Nehme ich eben noch eine. Tapfer setze ich mich aufs Rad und beginne zu treten. Es tut höllisch weh. Zähne zusammenbeißen und an was Schönes denken. Dann geht es auf einmal. Der Schmerz ist so plötzlich aus meinem Fuß gewichen, dass ich mit meinem Kopf gar nicht hinterherkomme. Irgendwie erwarte ich bei jeder Bewegung dieses Stechen, aber da ist nichts mehr, ich merke nur meine Muskeln und den Schweiß auf meinem Rücken.

Ich trete und trete, strampele meine ganze Wut auf Mama weg. Verlogen ist sie. Lässt mich in dem Glauben, dass ich tun und lassen kann, was ich will, in Wirklichkeit aber beobachtet sie jeden meiner Schritte und schlägt dann hinterhältig zu. Wem kann ich in dieser Familie eigentlich noch über den Weg trauen? Billi mit ihrer Rundum-

Mama-Impfung? Papa? Der hält sich sowieso mehr in seiner Kanzlei als sonstwo auf, und wenn es ihn zufällig mal nach Hause verschlägt, ist es für ihn doch das Bequemste, sich von Mama eine Kurzberichterstattung der Woche geben zu lassen.

Selbst auf Großmutter ist neuerdings kein Verlass mehr. Wenn es stimmt, dass sie Mama auf meine Diät angesprochen hat... Aber wer weiß – vielleicht stecken die beiden ja schon ewig und drei Tage unter einer Decke!

Als ich nach Hause komme, ist meine Wut immer noch nicht verraucht. Bevor ich meine Sporttasche auspacke, inspiziere ich die Wohnung. Niemand zu Hause. Wie günstig! Schnell zum Kühlschrank. Normalerweise nimmt Mama nur fettarme Milch in ihren Kaffee, weil ihr Sahne zu kalorienhaltig ist. Normalerweise gibt es im Kühlschrank aber auch immer einige Päckchen H-Sahne als eiserne Reserve...

Es ist ein Leichtes, die Milch wegzugießen und stattdessen Sahne in die Flasche zu füllen. Wie ich Mama kenne, wird sie sich vielleicht wundern, dass der Kaffee auf einmal eine etwas andere Farbe hat, aber so schlau ist sie nicht, dass sie hinter mein kleines Attentat kommt. Zumal ich diesmal raffiniert genug bin, die zwei leeren Sahnepäckchen nicht in den Mülleimer zu werfen, sondern gleich in den Tonnen vorm Haus zu entsorgen.

Geschafft! Soll sie doch eine Speckrolle nach der anderen ansetzen, meine Supermama.

Einigermaßen befriedigt verschwinde ich in meinem Zimmer, um an meine Hausaufgaben zu gehen. Aber dazu kommt es nicht. Kaum habe ich mein Englischbuch aufgeschlagen, tobt Mama, ohne vorher anzuklopfen, ins Zimmer und zitiert mich in die Küche. Ich ahne Böses. Wenn sie das rausgekriegt hat, habe ich sie wirklich total unterschätzt.

Wie nicht anders zu erwarten, öffnet sie den Kühlschrank und hält mir die vermeintliche Milch unter die Nase.

„Was soll das?"

„Keine Ahnung." Besser, ich stelle mich erstmal doof.

„Meinst du, ich kann den Geruch von frischer Milch und haltbarer Sahne nicht unterscheiden? Und was hast du davon, wenn andere an deiner Stelle dick werden? Das ist doch völlig krank!"

Krank. Das Wort hängt noch sekundenlang in der Luft. Ich bin also krank. Geisteskrank, oder sagen wir gleich bekloppt? Gut. Vielleicht hat Mama Recht – bin ich eben bekloppt...

In aller Seelenruhe öffne ich jetzt den Kühlschrank, hole ein Stück Gouda heraus und beiße davon ab. Mama sieht mich völlig verstört an. Da guckste, was? Deine angeblich kranke Tochter kann nämlich essen. Sie kann dir sogar die Haare vom Kopf fressen, wenn sie will!

Mama sieht mir noch eine Weile beim Kauen zu, dann geht sie raus, ohne auch nur einen Ton zu sagen. Ich lege den Käse auf den Küchentisch, schaue mir genau den Abdruck meiner Zähne darauf an und dann denke ich, was tust du hier eigentlich, das Zeug ist die reinste Kalorienbombe! Ich lasse mich auf einen Küchenstuhl plumpsen, atme tief durch. Mit einem wunderbaren Geschmack von Käse im Mund. Käse!

Ich liebe Käse und ich würde einiges darum geben, mir jetzt ein Brot abzusäbeln, es dick mit Butter zu bestreichen und auch noch Käse draufzutun. Kaum gedacht, schon getan.

Das erste Brot kaue ich noch genüsslich, das zweite stopfe ich in einem Affentempo in mich rein, das dritte auch, dann mampfe ich einen Fruchtjoghurt, danach eine Tafel Schokolade, und zum Abschluss öffne ich eine Dose Würstchen und verschlinge eins nach dem anderen.

Würstchen! Ausgerechnet Würstchen! Wie konnte ich es nur über mich bringen, Fleisch zu essen? Fleisch kommt von Tieren, die Augen haben und ihre Jungen säugen! Das war doch nicht ich, das war eine fremde Person, die so etwas getan hat.

Ohne groß nachzudenken, renne ich aus der Küche, schieße an Mama vorbei, die vielleicht gerade auf dem Weg zu mir ist, und hänge mich über die Kloschüssel. Finger in den Hals – diesmal geht es. Als ich kurz darauf abziehe, fühle ich mich grenzenlos erleichtert. Ganz egal, was Mama gleich sagen wird. Hauptsache, ich bin die vielen widerlichen Kalorien und vor allen Dingen das Fleisch wieder los.

Lautlos schleiche ich mich auf den Flur, will nur in mein Zimmer, aber Mama fängt mich ab. Sie nimmt mich in den Arm und dann weine ich wie ein kleines Baby, was mir eigentlich total peinlich ist.

„Sollten wir nicht mal zu Frau Dr. Henning gehen?", fragt sie nach einer Weile.

„Nein. Bitte nicht", sage ich.

„Was du eben getan hast, das..." Mama stockt. „Du bist doch nicht etwa bulimiekrank?"

„Du meinst fressen und kotzen und wieder fressen und wieder kotzen?"

„Ja." Mama hat das Wort zwar gesagt, aber irgendwie ist kein Ton rausgekommen. Ich konnte nur sehen, dass sich ihre Lippen bewegten.

„So ein Blödsinn! Ich musste mich einfach übergeben, weil ich zu viel gefuttert habe."

„Und warum hast du so viel gegessen?"

„Weil ich Hunger hatte! Mach du mal eine Diät!"

„Ich weiß, Kleines." Mama lächelt. „Ich hab früher auch eine Abmagerungskur nach der anderen gemacht, aber ich hatte es auch nötig."

Ach ja... Dass Mama angeblich mal dick war... Da lachen ja die Hühner!

„Nina! Du bist sehr schlank – um nicht zu sagen dünn – und du musst mir versprechen, dass du nicht weiterhungerst!"

Nur um meine Ruhe zu haben, gebe ich ihr mein Ehrenwort. Außerdem fehlen sowieso nur noch zwei Kilo bis zu meinem Traumgewicht. Solange werde ich eben doch noch ein bisschen tricksen müssen.

14

47 Kilo! Ich bin fetter geworden, obwohl ich mir gleich nach dem Fressanfall den Finger in den Hals gesteckt habe! Wie ist das möglich? Mein Organismus kann doch nicht innerhalb von einer Viertelstunde ein paar Käsebrote in eine Speckrolle verwandeln!

Ich bin am Boden zerstört. Und ich habe Angst, Mama könnte mich zum Essen zwingen wollen. Wie sie mich beim Frühstück beobachtet! Jeden Bissen verfolgt sie bei mir bis in den Mund, aber ich bin so schlau und bewahre den Großteil des Brotbreis in meinen Hamsterbacken auf, um ihn kurz darauf, als Mama eine neue Tüte Milch aus dem Kühlschrank holt, in mein Taschentuch zu spucken.

Sie hat nichts gemerkt. Aufatmen. Brav stecke ich mein Schulbrot ein und mache mich mit dem guten Vorsatz, heute Nachmittag umso härter zu trainieren, auf den Weg. Zwar tut mein Fuß immer noch weh, aber mit ein paar Pillen wird es schon gehen.

In der Schule nimmt mich Rentier beiseite und meint, ich könne in der Arbeit mit einer wunderschönen Zwei plus rechnen. Der Wahnsinn! Ich und in Geschichte eine Zwei plus! Völlig egal, was Julie Brown dazu sagt. Und wenn sie vor Neid hundertmal erblasst, ergrünt oder sich in eine blütenweiße Tischdecke verwandelt!

Ich bin einfach nur happy. So verdammt glücklich, dass ich Mama beim Mittagessen den Gefallen tue und vier kleine Kartoffeln mit Quark verputze. Dass ich einen Teil davon wieder in meinem Taschentuch entsorge, bleibt mein Geheimnis.

Trotz Kartoffelpampe im Magen setze ich mich immer noch gut gelaunt an den Schreibtisch und mache sehr sorgfältig meine Hausaufgaben. Nächste Woche schreiben wir zwei Arbeiten. Englisch und Deutsch – die will ich um keinen Preis vermasseln.

Als ich endlich fertig bin und meine Sporttasche packe, klopft Mama und bittet mich, heute zu Hause zu bleiben. Gegen fünf käme der Waschmaschinenfachmann, um den Trockner zu reparieren, und sie habe völlig vergessen, dass sie ja zum Friseur müsse.

„Aber ich will zum Sport!"

„Liebes! Ich kann den Termin unmöglich verschieben. Am Wochenende sind dein Vater und ich bei Helmbroichs eingeladen. Du kannst doch auch morgen ins Fitnessstudio gehen."

Von wegen! Kann ich eben nicht! Samstags ist Fleischfresser Sven an der Rezeption und dem will ich nicht in die Arme laufen.

„Bitte, Nina!"

„Hat Großmutter denn keine Zeit...?"

„Die ist mit Herrn Kühne im Gropiusbau in einer Austellung."

„Typisch! Alle gehen sich amüsieren, und ich schaffe es dann nicht, mein Pensum einzuhalten." Kaum habe ich es ausgesprochen, beiße ich mir auf die Zunge – aber zu spät.

„Was für ein Pensum?", fragt Mama argwöhnisch.

„Ach nichts." Es wäre wirklich das Hinterletzte, wenn Mama was von meinem Disziplintagebuch mitkriegen würde.

„Na gut." Mama ist schon halb aus der Tür. „Ich verlasse mich auf dich."

Ja, tu das nur! Wie wär's, wenn du zur Abwechslung Billi aus der Schweiz herzitierst, damit sie den blöden Waschmaschinenfritzen reinlässt? Oder Papa. Der kann doch auch ruhig mal einen Klienten sausen lassen!

Voller Verzweiflung klappe ich meine Schulbücher zu, laufe dann im Zimmer auf und ab. Was tun? Ich habe felsenfest damit gerechnet, dass ich mir den Kartoffelbrei heute Nachmittag im Studio abtrainieren kann!

Kurz entschlossen werfe ich mich in meine Sportklamotten und beginne auf der Stelle zu laufen. Wenn ich nur lange genug durchhalte, wird auch das was bringen. Nach einer halben Stunde bin ich zwar vor Langeweile halb tot, aber immerhin schwitze ich kräftig. Dann lege ich mich auf den Fußboden und mache einige Übungen aus der Problemzonengymnastik.

Wie höllisch ungerecht das Leben ist! Als ob Billi jemals wegen eines beknackten Waschmaschinenfachmanns auf ihr Training verzichten müsste!

Zum Glück bin ich nach anderthalb Stunden Gymnastik einigermaßen mit meinem Waschmaschinenfritzen-Schicksal versöhnt. Das heißt, zumindest für eine gute halbe Stunde. Denn dann kommt Mama vom Friseur zurück und meint doch allen Ernstes, es täte ihr Leid, sie habe sich im Termin geirrt, der Fachmann käme erst morgen.

Am liebsten würde ich eine Tonne Teer nehmen und sie auf Mamas schicker Fernsehansagerinnenföhnfrisur in Blond auskippen.

Mein Gewicht stagniert. Es ist zum Heulen! Den halben Samstag bringe ich damit zu, mir zu überlegen, ob ich nun trotz Sven ins Fitnessstudio gehen soll oder nicht. Aber nachdem Papa Billi vom Flughafen abgeholt hat und die ganze Familie ihretwegen im Quadrat springt, packe ich schnell meine Tasche und dampfe ab. Vielleicht werde ich heute Abend sogar auf Stellas Party gehen – nur um mir den obligatorischen Familienaffentanz zu ersparen.

„Hey!" Billi fängt mich auf dem Flur ab. „Klasse Haarfarbe."

„Ja. Besser als straßenköterblond", sage ich mit Blick auf ihren Oma-Langweiler-Dutt.

„Sollte ich vielleicht auch mal machen."

„Untersteh dich!"

Billi hat schon die knabenhaftere Figur und das schönere Gesicht, wenn sie jetzt auch noch anfängt, meine Fanny-Haarfarbe zu kopieren, kriegt sie es mit mir zu tun.

„Willst du gar nicht wissen, wie mein Workshop ist?", fragt Billi, als ich schon die Türklinke in der Hand habe.

„Bestimmt ist dein Wörkschopp oberaffengeil. Sonst würdest du nicht wollen, dass ich danach frage."

Schon bin ich draußen und lasse eine völlig perplexe Billi zurück.

Auf dem Weg ins Fitnessstudio wird mir von einer Sekunde zur nächsten schwummeriger, und als ich im Fahrstuhl stehe, habe ich anstelle von Muskeln nur noch Knetgummi in den Beinen. Wirklich Pech. In einem Anfall von Panik löse ich meinen Pferdeschwanz und lasse die roten Haare ins Gesicht fallen. Ich weiß, das wird mir auch nichts nützen, aber so fühle ich mich nicht ganz so nackt.

Augen zu und durch. Als ich dann vor dem Rezeptionstresen stehe und meine Karte zücke, fallen mir tausend Steine vom Herzen. Kein Sven weit und breit! Vielleicht ist er krank oder im Urlaub oder er hat sich einfach freigenommen, vielleicht muss er auch zu einem Handballturnier. Aber egal. Hauptsache, ich fühle mich frei und kann unbehelligt trainieren.

Eine Dreiviertelstunde lang strampele ich mich auf dem Stepper ab, danach geht's für eine halbe Stunde aufs Fahrrad, zum Abschluss mache ich eine Dreiviertelstunde Krafttraining. Obwohl ich heute nur eine Tablette genommen habe, schmerzt mein Fuß kaum, dafür habe ich ziemlich unerträglichen Hunger, aber der wird sich schon verflüchtigen, wenn ich nicht permanent an Kekse und Schokolade und so'n Zeug denke.

Nach dem Training beschließe ich, zur Feier des Tages in die Sauna zu gehen. Zum Glück bin ich ganz alleine und laufe nicht Gefahr, mich vor schönen, dünnen Frauen schämen zu müssen.

Ich liebe den heiß-trockenen Geruch einer Sauna. Ich liebe es, wenn die Hitze einen umfängt und dann einlullt, als würde man auf einem Sommerwölkchen im Himmel herumschweben...

Heute bin ich schon nach einem Saunagang vollkommen fertig. In mein großes Badehandtuch gehüllt fläze ich mich auf einen der Liegestühle, schließe die Augen und träume ein wenig vor mich hin. Ich stelle mir vor, ich wäre Fanny, die mit ihrem Fitnesstrainer Rolf in die Karibik fährt, wo sie unter Palmen dümpelt, leckere Fruchtdrinks schlürft und ab und zu in ein laues, aber dennoch erfrischendes Meer springt. Ich bin eine Fanny mit Superfigur und Rolf legt seinen Arm um meine Hüften und dann beugt er sich runter, um mich zu küssen...

Ich muss wohl eingeschlafen sein, jedenfalls wache ich davon auf, dass es rumpelt und pumpelt, ich öffne die Augen und dann steht Sven vor mir. Ich glaub, mein eh noch saunarotes Gesicht verwandelt sich augenblicklich in die glühende untergehende Sonne.

„Was machst du denn hier?", fragt Sven. Kein freundliches Smilygesicht.

„Und du?", schieße ich zurück, indem ich das Badetuch enger um meinen Körper wickle.

„Jetzt pass mal auf: Es ist halb sieben, das Studio schließt aber schon um sechs. Eigentlich dürftest du gar nicht mehr hier sein. Selbst die Putzkolonne hat längst Feierabend."

„Keine Sorge. Bin schon weg." Ich stehe auf und schnappe mir meine Sachen.

„Klasse. Jetzt darf ich deinetwegen Überstunden schieben!"

„Warum schmeißt ihr die Leute denn nicht rechtzeitig raus? Ich bin eben eingeschlafen!"

„Dann beeil dich jetzt bitte!"

Ich mache, dass ich nach draußen komme. Keine Sekunde länger soll Sven mich eingehüllt in mein peinliches Hundebaby-Badetuch sehen. Hilfe, ist mir das alles unangenehm! Und wie konnte es überhaupt dazu kommen? Hat die Putzkolonne etwa die Sauna ausgelassen oder haben sie dezent um mich herumgefeudelt? Es muss doch irgendwelche Leute geben, die einen Kontrollgang durch das Studio machen – oder war Sven dafür verantwortlich?

Egal. Es ist sowieso nicht mehr rückgängig zu machen, dass er mich halb nackt gesehen hat, meinen unförmigen Körper, der sich bestimmt ganz wunderbar in dem Handtuch abgezeichnet hat. Und dann die Hundebabys an meinen Speckhüften – wenn ihm davon nicht entsetzlich übel geworden ist!

Hastig steige ich in meine Klamotten, zerre dann den Kamm durch meine verkletteten Haare. Warum muss ich nur so fürchterlich rot aussehen? Warum besitze ich weder Puder noch Make-up, um ein halbwegs menschliches Wesen aus mir zu machen?

Doch auch das ist nun nicht mehr zu ändern. Ich spaziere jetzt gleich aus dieser Tür, husche an Sven vorbei nach draußen und das war's dann. Nie wieder werde ich am Wochenende hier auftauchen, mich nie mehr im Leben in der Nähe eines Handballturniers aufhalten, also ist die Wahrscheinlichkeit, dass ich Sven irgendwo in der Millionenstadt Berlin noch einmal über den Weg laufe, auch ziemlich gering.

Meine Sporttasche geschultert verlasse ich die Umkleidekabine. Sven hockt auf einem der Plastikstühle; die Hände fallen schlaff in seinen Schoß. Was ist bloß mit ihm los? Oder will er mir nur demonstrieren, was für einen Schlamassel ich ihm eingebrockt habe?

„Bin so weit", sage ich, indem ich versuche, meine Stimme besonders freundlich klingen zu lassen.

„Kannst dich ruhig noch schminken. Und dir die Füße massieren. Und auf Bakteriensuche gehen..."

„Wieso? Was ist...?"

Sven schaut langsam hoch, bestimmt zehn Sekunden lang starrt er auf meine kupferroten Haare, und dann sagt er: „Sie haben uns eingesperrt. Wir werden hier übernachten müssen."

„Wie bitte?" Meine Tasche fällt mit einem Plumps zu Boden. „Wer hat uns eingeschlossen?"

„Ich weiß es nicht." Sven fährt sich durch seine sowieso schon verstrubbelten Haare. „Bea. Oder Dany. Hat ihnen wohl keiner gesagt, dass ich heute hinten im Büro bin und die Listen für die Kurse auswerte."

„Aber macht denn hier niemand vorm Abschließen einen Kontrollgang?"

„Eigentlich schon." Sven reibt sich hektisch sein Kinn. „Ich weiß auch nicht, was da schief laufen konnte."

Abgesehen davon, dass Sven mich eh schon aus der Fassung gebracht hat, ist jetzt auch noch das letzte bisschen Coolness hin.

Schleppenden Schrittes geht Sven zur Tür und ruckelt eine Weile am Griff. „Dany ist noch ziemlich neu hier. Wahrscheinlich ist sie einfach so raus. Ohne ihr Gehirn einzuschalten…"

„Und die Putzleute? Es waren doch auch Putzleute hier!" Panik steigt in mir hoch.

„Die sind vor den Mädels raus. Duschen und die Sauna werden immer frühmorgens sauber gemacht."

„Und du hast wirklich keinen Schlüssel?"

„Nein! Würde ich dann hier sitzen und Däumchen drehen? Ich kann mir auch was Schöneres vorstellen, als hier zu hocken und mir mit einer Zicke die Zeit zu vertreiben!"

Zicke… Das hat gesessen. Und ich verschwende auch noch so was wie einigermaßen nette Träume an diesen Kerl!

Ich setze mich und atme einmal tief durch. Nachdenken. Es muss doch eine Möglichkeit geben, wieder aus diesem Schuppen rauszukommen! Plötzlich habe ich einen Einfall.

„Dann ruf jetzt deinen Bruder an! Er ist doch hier der Obermacker!"

„Super Idee." Svens Gesicht ist jetzt vanilleeisfarben. „Als ob ich nicht auch schon draufgekommen wäre…"

„Und…?"

„Mein Bruder ist ein Geizkragen. Die Telefonanlage wird abends immer abgestellt. Die Putzkraft könnte ja so dreist sein und ins Ausland telefonieren wollen. Meint mein Bruder…"

„Ach so." Ich fühle mich auf einmal unsagbar schwach. Mit einem Typ eine Nacht lang im Fitnessstudio eingeschlossen zu sein – so was kommt noch nicht mal in „5 unter einem Dach" vor. Und in meinem Leben schon gar nicht!

„Dann können wir jetzt also auch nicht den Schlüsseldienst rufen, nicht die Feuerwehr…" Meine Stimme versagt. Wenn ich noch weiterrede, fange ich gleich an zu weinen.

Eine vage Hoffnung macht sich in mir breit: Vielleicht werden sich Mama und Papa trotz Billis Anwesenheit daran erinnern, dass sie eine Tochter namens Nina haben, die am Nachmittag aus dem Haus gegangen ist, um Sport zu treiben. Und vielleicht werden sie denken, Moment mal, da stimmt doch was nicht, eigentlich müsste sie schon längst zu Hause sein, sicher ist sie aus Versehen mit einem gut aussehenden Fleischfresser im Fitnessstudio eingeschlossen worden, wir müssen sie retten, und dann kommen sie mit Tatütata in einem grünen Auto angebraust und brechen die Tür auf…

Oder auch nicht. Wenn ich Glück habe, werden sie sich Sorgen machen, vielleicht auch bei Julie Brown und Stella mit ‚st' anklingeln, aber sie werden im Leben nicht darauf kommen, dass ich hier mit einem Idioten eingesperrt bin, der mich für eine Zicke hält.

„Nein, geht nicht", sagt Sven. „Wir müssen warten, bis die Putzkolonne morgen früh kommt."

„Fantastische Aussichten."

„Ja." Sven legt Zeige- und Mittelfinger auf seine Nasenwurzel und schaut mich streng an, so wie Rentier das manchmal tut – nur dass seine Augenbrauen nicht zusammengewachsen sind. „Wir haben jede Menge Zeit zum Reden. Ist doch eine deiner Lieblingsbeschäftigungen, richtig?"

Darauf antworte ich nicht. In so einer Situation auch noch ironisch zu werden, ist doch das Allerletzte!

„Deine Haarfarbe steht dir übrigens gut", sagt Sven jetzt.

„Deine dir auch."

Sven grinst. „Was zu trinken...?"

Ich zucke die Achseln.

Schrill pfeifend geht Sven hinter den Tresen, bückt sich und kommt kurz darauf mit einer Flasche Orangensaft und zwei Gläsern zurück. Ein Glas Orangensaft hat 78 Kalorien, denke ich automatisch. Er schenkt uns ein, setzt dann sein Glas an seine Lippen zum Anknabbern und trinkt das Zeug in einem Rutsch weg.

„Hättest mal mit mir ins Kino gehen sollen", sagt er nach Luft japsend. „Dann wäre das bestimmt nicht passiert."

„Ach – und wieso nicht?"

„Na, wenn wir jetzt zum Beispiel in irgendeinem netten Film sitzen würden, hätte uns niemand einschließen können."

Eine umwerfende Logik. Für den Gedankengang hat Sven glatt einen Förderpreis verdient!

„Nun trink schon!" Er klingt sogar einigermaßen freundlich.

Im gleichen Moment merke ich, dass mir Tränen in die Augen schießen. Ich kann nichts dagegen tun, sie kommen einfach raus und eine von ihnen läuft mir blöderweise schon die Wange runter. Schnell wische ich sie mit dem Handrücken weg, aber Sven hat es gemerkt und reicht mir eine Serviette, die noch auf dem Tisch liegt.

„Hey! Weinen bringt nichts!"

„Weiß ich doch auch!", pflaume ich ihn an und fange erst richtig an zu heulen.

„Komm mal her..." Sven rückt an mich ran und will mir den Arm um die Schulter legen, aber das lasse ich nicht zu.

„Klar ist das eine ziemlich blöde Situation", sagt Sven jetzt ganz ernst, „und du kannst mir glauben, ich hätte es verhindert, wenn's nur irgendwie gegangen wäre. Aber wir sind hier nun mal eingeschlossen, hilft alles nichts und wir müssen das Beste daraus machen."

Das Beste draus machen! Klasse! Was heißt das denn? Dass er sich vielleicht an mich ranpirscht, um mit mir zu knutschen? Kommt nicht in Frage, in tausend Jahren nicht! Meine Speckrollen gehen diesen Kerl überhaupt nichts an!

„Hast du mir überhaupt zugehört?" Sven zieht eine wirklich alberne Fratze.

„Ja!" Ich weiß, ich bin so humorlos wie ein Zaunpfahl.

„Wir müssen uns überlegen, wo wir pennen können und womit wir uns zudecken und zu futtern brauchen wir auch was."

„Ich hab keinen Hunger."

„Okay, kriegst du eben nix zu essen. Aber eine Decke hättest du doch auch gerne. Die Heizung wird nämlich fast auf null runtergefahren."

Gott, ist mir elend zumute. In einem kalten Fitnessstudio mit einem Fleischfresser zu nächtigen, der blonde Haare und nougatbraune Augen hat... Ich kann nicht neben einem Jungen einschlafen und will es auch nicht. Mama, bitte hol mich hier raus!

Aber natürlich passiert nichts dergleichen. Weil Mama nämlich gerade mit ihrem Sternchen Billi im Wohnzimmer hockt und sich deren Berichte aus der großen weiten Welt der Schümlimaschinen und eingeklappten Brote reinzieht. Genau deshalb! Und weil sie allerhöchstens auf die Idee kommt, dass ich ein Dickschädel bin, der sich davor drückt, sich die Glanzberichte seiner Schwester anzuhören.

Sven steht jetzt auf und gibt mir ein Zeichen mitzukommen. Wahrscheinlich glaubt er tatsächlich, dass er nur mit der Augenbraue zu zucken braucht, und schon dackeln ihm die Mädchen nach. Aber jetzt ist sowieso alles egal und außerdem hat Sven Recht: Wir müssen uns einen Platz zum Schlafen organisieren.

Was für ein Glück, dass die Matten für die Rücken- und die Problemzonen-Gymnastik nicht über Nacht weggeschlossen werden. Zwei, drei der Dinger übereinander gestapelt ergeben ein halbwegs passables Bett. Bleibt nur noch die Frage der Zudecken. Wir schauen in allen Räumen nach, in allen Schränken, aber es gibt keine Decken, nicht mal ein paar Lappen liegen herum!

„Was jetzt?"

„Ich weiß es nicht." Sven sieht auf einmal aus wie ein kleiner Junge mit verstrubbelten Haaren, traurig, weil man ihm den Lolli weggenommen hat.

„Ich habe zwei Handtücher", fällt mir ein. „Aber die sind nass."

„Wenn du sie gleich aufhängst, sind sie bestimmt schnell trocken."

Ich nicke.

„Ist deine Jacke dick genug?" Sven betastet fürsorglich meine Wind- und Wetterjacke und kommt zu dem Schluss, dass ich mit der Jacke und den beiden Handtüchern wohl ganz gut die Nacht überstehen müsste.

„Und du?"

„Och…" Svens Sorgenfalten auf der Stirn verschwinden; stattdessen hat er plötzlich Lachfältchen um die Augen. „Mein Speck wird mich schon wärmen!" Er drückt und zerrt dabei an seinen schmalen Hüften herum. „So. Jetzt hab ich Hunger. Mal sehen, was die Mitarbeiter hier Leckeres in den Schubladen versteckt haben."

Wir gehen zurück in den Vorraum.

„Im Notfall kannst du dir ein paar Eiweißriegel aus dem Automaten ziehen", schlage ich vor.

„Bäh! Eiweißriegel!" Sven taucht hinter dem Tresen ab, zieht jede Schublade mit Karacho auf und kommt dann irgendwie noch verstrubbelter wieder hoch. „Was hältst du von Gummibärchen?" Er schwenkt eine dieser bunten Tüten.

Ich schüttele den Kopf. Es ist das erste Mal seit Wochen, dass ich wirklich keinen Hunger habe. Auch nicht auf Gummibärchen.

„Okay. Mineralwasser und Orangensaft sind jedenfalls reichlich da."

Dann zieht Sven Leine und lässt mich einfach stehen.

„Wo gehst du hin?"

„Mich 'n bisschen aufs Bett legen. Komm doch auch."

Denkste, Typ, da hast du dich geschnitten! Glaubst wohl auch, ich warte nur drauf, dass du auf deine Rückengymnastikmatten steigst, und ich mich gleich hinterher schmeiße.

Einigermaßen ermattet falle ich auf einen Stuhl und begutachte die weiße Styropordecke. Von nebenan kommt lautes Geraschel und Geknister.

Bestimmt will Sven mich mit seinen lächerlichen Gummibärchen locken. Doch dann, nach einer Weile, ist es ruhig.

Oh je – was fange ich hier nur auf meinem unbequemen Stuhl an? Das An-die-Decke-Starren ist verdammt langweilig, aber ich kann mich doch nicht einfach neben den Kerl mit der Knatterstimme legen?

Nachdem eine weitere halbe Stunde vergangen ist und Sven sich immer noch nicht gerührt hat, schnappe ich mir meine fast trockenen Handtücher und gehe nach nebenan. Vorsichtshalber bleibe ich im Türrahmen stehen.

Sven blinzelt mich an. „Na endlich. Wurde aber auch Zeit."

Ich rühre mich nicht von der Stelle.

„Nun komm schon her. Ich esse kein Mädchenfleisch. Schmeckt viel zu trocken."

„Oder ich schlafe nebenan...", sage ich mit einer Stimme, die sich dummerweise ziemlich nach Mickey-Mouse anhört.

„Wie du willst."

Damit habe ich nicht gerechnet. Dass er mich so kampflos aufgibt. Kurz entschlossen schnappe ich mir die Matten und deponiere sie im Nebenraum, lasse aber die Tür offen.

„Nacht", sagt Sven und ich sage „Nacht" und denke, meine Güte, geht der Fleischfresser immer so früh schlafen?. Ist doch gerade mal halb neun.

Dann übe ich den Ernstfall. Meine Sporttasche dient als Kopfkissen, mit den zwei Handtüchern decke ich mich zu, aber leider Gottes fange ich ziemlich schnell an zu frieren. Und das schon jetzt, wo die Nacht noch nicht mal begonnen hat! Der Fleischfresser nebenan regt sich nicht. Irgendwie sah er heute ziemlich hübsch aus mit seinen lustigen Lach-Grübchen.

„Schläfst du schon?", höre ich mich auf einmal fragen. Bin ich denn bescheuert, denke ich im selben Moment, aber die Frage ist schon raus.

„Nein." Sven sagt das so überhaupt nicht verschlafen, so dass ich annehme, er hat die ganze Zeit über wie ich Löcher in die Luft gestarrt.

„Was machst du eigentlich so?", frage ich weiter.

„Ich gehe auf die Anne-Frank-Schule in die 11. Klasse. Meine Hobbys sind Handball, Schach und Schnorcheln", leiert Sven runter. „He, bist du von der Presse?"

„Nein." Ich muss lachen. Irgendwie ist es schon komisch, wie wir über diesen Sicherheitsabstand miteinander reden.

„Und du?"

„8. Klasse, Heinrich-von-Kleist-Oberschule. Meine Hobbys sind, äh... Fitness und... ähm..."

„Ähm? Kenne ich gar nicht? Ist das eine Sportart? Ein Spiel? Eine Tanzform?"

„Haha."

Soll ich etwa „Diät machen" sagen? Oder „Kalorien zählen"? Oder „So wie Fanny werden"? Oder noch schlimmer: „In der Schule gute Noten einheimsen"?

„Nix ähm", bringe ich schließlich hervor.

„Komm – nur Fitness – ist das nicht ein bisschen mager? Was ist zum Beispiel mit Handball. Hast du aufgehört?"

„Ja."

„Und warum?"

„Ist nicht so mein Ding."

„Du quälst dich also lieber an diesen Foltergeräten?"

„Exakt. Und falls es dir noch nicht aufgefallen ist: Du verdienst mit diesen Foltergeräten dein Geld."

„Deswegen muss ich sie noch lange nicht mögen."

Wir schweigen eine Runde, dann erzählt mir Sven, dass seine Ex-Freundin – dabei legt er die Betonung auf „Ex" – in einer Mädchenband gespielt hat, dass sie ganz versessen auf Squash, Tanzen und Klamotten war.

Jaja – wahnsinnig spannend, das Privatleben seiner Ex!

„Hörst du mir überhaupt zu? Schläfst du schon?"

Ich antworte einfach nicht, ziehe mir eins der Handtücher übers Gesicht.

„Na gut, dann komm ich eben zu dir rüber."

Keine zwei Sekunden später hat Sven sein Mattenlager neben meinem aufgebaut. Es geht alles so schnell, dass ich gar kein Veto einlegen kann. Mein Herz klopft schnell und laut. Warum denn das? Was für einen Grund gibt es, dass ich so rasch nervös werde? Ich blinzele Sven an.

„Soll ich das Licht ausmachen?", fragt er.

„Ja. Das heißt... – besser nein."

„Was denn nun?"

„Nein."

Sven legt sich auf den Bauch, stützt seinen Kopf auf seinen rechten

Ellenbogen und schaut mich an. Etwas zu lange für meinen Geschmack.

„Ich fass dich nicht an. Keine Angst", sagt er dann, indem er seine Grübchenbildung nur zur Hälfte aktiviert.

„Wirklich sehr zuvorkommend von dir", murmele ich und hoffe ganz plötzlich, dass er seine Hand rüberstreckt, um wenigstens meine Schulter zu streicheln.

Wie komme ich nur auf so einen Blödsinn? Eigentlich will ich gar nicht, dass mich ein Junge begrapscht. Das heißt, vielleicht würde ich es irgendwann doch wollen, aber dieses irgendwann wird erst stattfinden, wenn ich 45 Kilo oder weniger wiege. Ich möchte es mir wirklich ersparen, dass mich ein Junge in den Arm nimmt und Pummelchen zu mir sagt.

„Immer noch keinen Hunger?", fragt Sven. Er wirft mir die Gummibärchen rüber. Ohne zu antworten, stupse ich die Tüte weit von mir. Ich fühle mich hungrig und schwach, aber auch wunderbar leicht.

„Dass Mädchen immer so wenig essen", plappert Sven weiter. „Ich wär an deiner Stelle schon vor Hunger umgekommen. Erst Sport machen und dann nicht mal was in den Magen kriegen."

„Wir Mädchen sind eben was Besonderes", murmele ich in mein Handtuch und schließe kurz die Augen. Dann habe ich plötzlich Svens Hand auf meinem Arm. Sie liegt einfach da und rührt sich nicht, während ich innerlich zu zittern anfange.

Ich kann nicht fliehen, unmöglich, aber selbst wenn ich die Möglichkeit dazu hätte, würde ich es nicht tun. Im Ernst – ich habe nicht gewusst, dass eine menschliche Hand so heiß sein kann. Diese hier brennt mir jedenfalls gleich ein Loch in den Arm, wenn ich nichts unternehme.

„Alles okay?", fragt Sven, als ich mich ein wenig rühre.

„Ja." Jetzt klinge ich wie Mickey-Mouse mit Halsschmerzen.

„Soll ich sie wieder wegnehmen?" Sven hebt seine Hand einen Zentimeter hoch und lässt sie über meinem Arm schweben. „Ich hab dir ja was versprochen..."

Nur ganz zaghaft schüttele ich den Kopf, mein Gott, was wird er jetzt von mir denken, aber eigentlich ist es auch egal, schließlich war er derjenige, der mir seine Pranke auf den Arm gelegt hat.

„Hast du einen Freund?", kommt es jetzt von nebenan.

Wie von der Tarantel gestochen richte ich mich auf. „Spinnst du?"

Sven zieht seine Hand weg und sieht mich erschrocken an.

„Entschuldigung. Ich dachte, das wäre eine ganz normale Frage."

Langsam bequeme ich mich wieder in die Horizontale und denke darüber nach, warum ich mich eben so affig aufgeführt habe. Natürlich hat Sven mir eine ganz normale Frage gestellt, nur ich hatte nichts Besseres zu tun, als völlig überzogen zu reagieren. Was wäre schon dabei, wenn ich mich outen würde? Gut, ich hab noch nie einen Freund gehabt, aber bin ich deshalb als Mädchen weniger wert?

Die Sven-Stelle an meinem Arm kühlt sich rasendschnell ab. Ich wünschte, er würde wieder mit seiner Hand ankommen. Tut er aber leider nicht. Stattdessen steht er auf, knipst das Licht aus, und beim Hinlegen dreht er sich gleich auf die Seite – von mir weg…

Schade.

Ich mache die Augen zu, aber natürlich ist überhaupt nicht an Schlafen zu denken. So hellwach wie im Moment bin ich selten… Kann sein, dass Mama und Papa sich gerade riesengroße Sorgen machen. Das haben sie verdient, denke ich gehässig. Wahrscheinlich wird es ihnen ihr Friede-Freude-Eierkuchen-Wochenende mit Billi gehörig vermiesen!

Sven atmet gleichmäßig, ab und zu schleicht sich ein Röcheln in seine Atemzüge. Er soll nicht einschlafen, bitte nicht! Ich will hier nicht alleine liegen und in die Dunkelheit starren! Aber so sehr ich es mir auch wünsche, Sven dreht sich nicht noch einmal um und streckt seinen Arm aus.

Und wenn ich es tue? Einmal im Leben Mut beweisen? Schon schiebe ich meine Hand zu Sven rüber, alles schön in Zeitlupe, und kaum berühren meine Finger seine Schulter, schnappt Sven sich meine Hand und hält sie fest. Hat er also doch nicht geschlafen.

Ohne seine Position zu verändern, beginnt Sven, meine Fingerspitzen zu streicheln, was mir ziemlich gut gefällt. Das geht ewig lange so, dann frage ich Sven, wieso er eigentlich mit mir ins Kino gehen wollte.

„Warum denn nicht?", antwortet er ziemlich blöde.

„Du weißt genau, was ich meine. Warum ausgerechnet mit mir?"

„Weil du eine Kratzbürste bist."

„Was ist daran so interessant?", hake ich etwas beleidigt nach.

„Du hältst mich jetzt bestimmt für den absoluten Mega-Kotzbrocken, aber normalerweise…" Sven stockt.

„…laufen dir die Mädchen in Scharen nach?"

115

Sven räuspert sich. „So ungefähr… "
Hab ich's mir doch gedacht.
„Du bist das erste Mädchen, das nicht Ja und Amen sagt. Mit dir kann man sich bestimmt ganz toll fetzen…" Ohne meine Hand loszulassen, rollt Sven sich auf die andere Seite. Es ist so dunkel, dass ich ihn nur schemenhaft erkennen kann. „Ich würde gerne rauskriegen, was hinter deiner Kratzbürstenfassade steckt."

Dann verstärkt sich der Druck auf meine Hand, ich merke, wie Sven mich zu sich rüberzieht, aber als ich schon die Wärme seiner Lippen spüre, springe ich zum zweiten Mal hysterisch auf und schreie: „So haben wir nicht gewettet!"

Oh Gott, war das wieder dämlich von mir! Wie konnte ich mich nur so affig benehmen? Seit ich hier mit Sven eingeschlossen bin, habe ich das Gefühl, als würden zwei Personen in mir herumstreiten. Die eine will, dass Sven sie anfasst, die andere nicht. Zu dumm, dass wir beide in derselben Hülle stecken, da kommen wir nie auf einen Nenner!

Ich lege mich wieder hin und weiß, dass ich es endgültig vermasselt habe. Natürlich wird es Sven keinen Spaß machen, sich noch einmal an mich heranzupirschen. Einmal ist auch die Kratzbürsten-Nummer ausgereizt.

Stille. Absolut unheimliche Stille. Als ob keiner von uns überhaupt atmen würde. Und ich behalte Recht mit meiner Vermutung. Irgendwann raschelt Sven mit seiner Jacke, „Gute Nacht", sagt er, und kurz darauf produziert er ein gleichmäßiges Geschnorchel. Sven schläft. Er ratzt tief und fest, während ich verdammt noch mal wach liege und mich vor lauter Unwohlsein am liebsten wegbeamen möchte! Warum bin ich nur so, wie ich bin? Warum ergreife ich nicht die Chance, wenn mich ausnahmsweise mal ein Junge gut findet? Diese Nacht ist die furchtbarste meines Lebens. Neben mir schnarcht ein Typ mit schönen blonden Strubbelhaaren und supersüßen braunen Augen und ich sehne mich zum ersten Mal in meinem Leben ganz schrecklich nach Mama und Papa. Was gäbe ich nur darum, wenn sie mich hier rausholen und mich in mein eigenes Bett verfrachten würden! So liege ich Stunde um Stunde wach, wälze mich hin und her und kann mir nicht vorstellen, dass ich auch nur für eine Sekunde einschlafen werde.

Mitten in der Nacht muss ich zur Toilette. Durch das stockdustere Studio tapse ich Richtung Klo, grusele mich fast zu Tode, und als ich zurückkomme, sägt Sven immer noch ganz gleichmäßig vor sich hin.

Wie ich ihn beneide! Mir ist hundekalt, meine blöden Hundehandtücher spielen mehr Deko als mich gefälligst mal zu wärmen.

Erst als es draußen zu dämmern beginnt, werde ich so müde, dass ich einschlafe. Dann klappt plötzlich eine Tür, ich höre Stimmen – endlich, die Putzkolonne! Sven ist bereits aufgestanden und redet mit den Leuten. Seine Hände hat er in die Hüften gestemmt, die Fußspitzen sind leicht nach außen gedreht, was er sagt, kann ich nicht verstehen.

Langsam rappele ich mich hoch – alle Glieder sind steif und kalt.

„Nina!", ruft Sven mir zu. „Die Nacht ist zu Ende!"

Ich versuche zu erkennen, ob er vielleicht sauer auf mich ist, aber sein Gesicht bleibt völlig ausdruckslos.

In aller Eile raffe ich meine Sachen zusammen, dann stehen wir schon im Fahrstuhl.

„Ruf am besten gleich deine Eltern an, ja? Und lass dich abholen."

Ich nicke wie belämmert, bringe keinen Ton über die Lippen. Wieso sagt er nicht so was in der Art wie „War schön mit dir" oder „Das mit dem Kino holen wir nun wirklich mal nach."

Aber nein, Sven schweigt. Guckt sich die Fahrstuhlverkleidung an, als sei das eine verdammt spannende Sache und kratzt sich ab und zu an der Schläfe. Dann sind wir unten.

Sven geht vor mir raus. Er dreht sich noch einmal um und fragt mich, ob ich auch eine Telefonkarte dabeihabe.

„Ja", antworte ich hölzern – schon ist er weg. Keine Ahnung, ob er tschüs oder ciao gesagt hat, und während ich zur nächsten Telefonzelle laufe, fällt mir plötzlich ein, dass ich – was für ein Glück – wenigstens um Stellas langweilige Geburtstagsparty herumgekommen bin.

15

45 1/2 Kilo! Zwölf Stunden Stress mit Sven, und zwei Pfund sind weg!

Was soll ich sagen, ich fühle mich ziemlich gut. Mama, Papa und Großmutter tänzeln um mich herum. Der eine will mir ein heißes Bad einlaufen lassen, die andere einen Kinobesuch spendieren, lauter tolle Sachen, und selbst Billi führt sich auf, als wäre ich mindestens ein ganzes Jahrzehnt verschollen gewesen.

Vielleicht sollte ich mich öfter mal irgendwo einschließen lassen. Einfach damit sie merken, dass ich überhaupt da bin.

Jedenfalls war die ganze Angelegenheit auch für sie nicht besonders spaßig. Erst ist ihnen ja nicht groß was aufgefallen. Sie dachten halt, ich wäre gleich nach dem Sport zu Stellas Geburtstagsparty gefahren. Als es jedoch immer später wurde, fanden sie es schon merkwürdig und haben bei meiner Klassenlehrerin Frau Brückner angeklingelt, um Stellas Telefonnummer zu erfragen. Aber natürlich wusste auch Stella mit ‚st' nicht, wo ich bin. Panik. Dann haben sie im Fitnessstudio angerufen, wo logischerweise niemand abgenommen hat. Später sind sie sogar zur Polizei gestiefelt, aber die hat dazu geraten, erstmal abzuwarten...

Der Sonntag geht also ganz erträglich rum und gegen sechs Uhr abends ist auch der Billi-Spuk vorüber. Das heißt fast... Denn als wir sie am Flughafen abliefern, erdreistet sich die Kuh doch tatsächlich, mir zuzuflüstern, ob ich die Gelegenheit genutzt und ein bisschen mit dem Typen rumgeknutscht hätte oder ob ich vielleicht noch nicht so weit sei. Dabei legt sie ihr überheblichstes Grinsen auf.

„Wofür bin ich noch nicht so weit?", schieße ich zurück.

Man glaubt es kaum, aber Billi meint tatsächlich, ich hätte nicht begriffen, worum es ihr geht. „Küssen", sagt sie. „Ich wette, du hast noch nicht mal anständig geküsst."

„Und wenn schon! Du küsst doch auch nur deine muffigen Ballettschuhe!"

„Wenigstens habe ich ein Ziel, auf das ich hinarbeite."

„Ach ja? Mit dreißig aufs Altenteil gehen? Kaputter Rücken und so?"

„Na, du kennst dich in der Ballettbranche aber auch bestens aus!"

Motz, motz, motz! So schön harmonisch geht das Wochenende also zu Ende.

Abends kriege ich von Großmutter die Order, doch mal zu ihr raufzukommen. Na klar – wenn Paul Kühne wegen eines plötzlichen Müdigkeits- oder Verkalkungsschubs ausfällt, bin ich die willkommene Lückenbüßerin.

„Na?", sagt Großmutter ganz spontan und originell, als sie mir die Tür öffnet.

„Na?" Spiele ich eben Papagei.

„Billi ist richtig erwachsen geworden, seit sie auf ihrem Lehrgang ist – findest du nicht?"

Ich hebe nur entnervt meine Schultern und wünsche mir fürs nächste Jahrtausend, dass es mal einen Tag gibt, an dem Billi in dieser Familie kein Thema ist.

„Kommt was in der Glotze?", frage ich Großmutter, die sich gerade damit abmüht, Salzstangen in ein Glas zu zwängen.

„Nicht dass ich wüsste."

„Hast du nicht einen netten Film auf Video? Irgendwas Lustiges?"

Großmutter schüttelt den Kopf.

„Was machen wir sonst? Häkeln? Mit Knetgummi arbeiten?" Ich grinse blöd, aber Großmutter bleibt ernst.

„Ich wollte dich eigentlich was fragen."

Während sie das sagt, läuft sie raus, um kurz darauf mit zwei Gläsern und einer Flasche Apfelsaft zurückzukommen. Gemein, dass sie mir die Salzstangen auch noch direkt vor die Nase stellt.

„Was denn?", hake ich nach, da Großmutter offensichtlich ihre Sprache verloren hat.

„Na ja…" Es ist mehr Gemurmel als vernünftiges Sprechen. „Ich fürchte, du könntest nein sagen…"

„Wenn du nicht fragst, wirst du es nie erfahren." Ich kann mir beim besten Willen nicht vorstellen, was Großmutter von mir will.

„Also gut: Ich würde dich gerne malen."

„Kein Problem", sage ich spontan und angele mir eine Salzstange, um sie dann zwischen meinen Fingerkuppen hin- und herzurollen.

„Die Sache hat allerdings einen Haken…"

Einen Haken… Was für einen Haken bitte schön? Ich denke an Großmutters Altfrauengemälde und dann fällt es mir ein: Natürlich! Sie will mich nackt! Einfach so – mopsig, wie Gott mich geschaffen hat.

„Kommt nicht in Frage!", fauche ich los.

„Und nur oben ohne?", fragt Großmutter vorsichtig an.

„Schmink es dir ab!" Wenn sie im Ernst glaubt, es würde mir Spaß machen, nackt und kugelrund in irgendeinem Altenheim zu hängen, hat sie sich geschnitten!

„Ich verspreche dir, ich werde die Bilder niemandem zeigen. Sie sind nur als Übungszweck gedacht."

„Was für ein Übungszweck? Du malst seit 30 Jahren! Im Zweifelsfall bietest du die Schinken irgendeinem Museum in New York an!"

Ich muss ein bisschen lachen. Die Vorstellung, dort von Kunstsüchtigen begafft zu werden, ist fast schon lustig.

„Schade." Großmutter sieht jetzt richtig traurig aus.

„Warum willst du mich denn ausgerechnet nackt malen?"

„Ich sagte doch schon: zu Übungszwecken. Und außerdem..."

Großmutter greift nach ihrem Saftglas und nimmt in Zeitlupe einen Schluck. Dann hebt sie ebenfalls in Zeitlupe ihren Kopf.

„Du bist ziemlich dünn geworden..."

Verlegen schaue ich auf meine krummen und irgendwie wurstigen Finger.

„Nicht dass ich eine Vorliebe für dünne Mädchen habe, aber... Ich denke, wenn du dich auf einem Gemälde siehst, würde dir vielleicht aufgehen, wie dünn du in Wirklichkeit bist."

„Ich bin nicht dünn! Wie kannst du nur behaupten, dass ich dünn bin?"

„Siehst du! Du schaffst es nicht mal mehr, dich selbst objektiv einzuschätzen. Du hast jeglichen Maßstab verloren!"

„Kannst du mich nicht einfach in Ruhe lassen?" Ich zerdetsche die Salzstange auf dem Tisch, springe auf und laufe zur Tür.

Es ist wirklich zum Wahnsinnigwerden. Auf der einen Seite verlangen Leute jenseits der 30 ständig von einem, dass man sich erwachsen benimmt und eigenverantwortlich entscheidet, auf der anderen Seite mischen sie sich bei jedem Pups ein.

Gerade, als ich die Tür öffnen will, kommt Großmutter von hinten und hält mich fest.

„Wir machen uns nur Sorgen! Ich, deine Mutter..."

„Ach so. Ihr drei! Habt ihr euch verlobt? Einen Geheimbund der sich sorgenden Herzen gegründet?" Vor lauter Wut kommen mir die Tränen. „Und ich dachte immer, du würdest auf meiner Seite stehen!"

„Natürlich halte ich zu dir, Nina. Aber ich habe keine Lust mitanzusehen, wie du dich kaputtmachst!"

„Na, klasse! Da nimmt man mal ein Kilo ab und schon macht man sich kaputt! Tut man es aber nicht, ist man das Pummelchen vom Dienst!"

„Wer hat Pummelchen zu dir gesagt?"
„Papa und… ach!" Wütend klopfe ich mit der rechten Handfläche gegen den Türrahmen. „Und wenn du es nicht gesagt hast, gedacht hast du es garantiert auch!"
Großmutter ist jetzt ganz still. Aha – jetzt weiß sie wohl nicht weiter.
„Gut, ich gehe dann mal", sage ich plötzlich ganz ruhig.
„Okay. Gute Nacht." Großmutter drückt meinen Arm. „Aber wir müssen eine Lösung finden, Nina, bitte drück dich nicht vorm Leben."

Wir müssen eine Lösung finden. Drück dich nicht vorm Leben. Ich glaube, meine ganze Familie ist auf einmal auf einem irrsinnig penetranten Psychotrip. Ich lasse mich von denen nicht unter Druck setzen, von nichts und niemandem lasse ich mich unter Druck setzen!

Die beste Lösung wird sein, mich derart in weite Klamotten zu hüllen, dass sie gar nicht sehen können, wie dünn ich in Wirklichkeit bin! Zwei T-Shirts kommen unter die normale Kleidung, das macht mich etwas fülliger, und in meine Hosentasche stopfe ich einen ganzen Haufen Taschentücher. So wird es gehen. So muss es gehen…

Zumindest lässt man mich in der Schule in Ruhe. Heute ist sowieso eine andere Sache Thema: Nina war unter grässlichen Gefahren im Fitnessstudio eingesperrt. So hat es jedenfalls Stella mit ‚st' in unserer Klasse auf den Punkt gebracht und weitergetrascht. In der Pause umringen mich alle und wollen wissen, wie die Nacht gewesen sei. Ob es vielleicht gespukt habe, wo ich geschlafen hätte und so weiter und so fort.

Brav stehe ich Rede und Antwort und fühle mich ein kleines bisschen als Heldin. Seit dem Wochenende bin ich etwas Besonderes, was Julie Brown fast grün vor Neid zur Kenntnis nimmt. Und dass noch ein toller Junge an meiner Seite war, will ihr erst recht keine Ruhe lassen.

Total zufrieden und mit einem wunderbaren Hungergefühl im Bauch komme ich dann nach der Schule nach Hause, will mich sogleich an den Schreibtisch setzen, um schnell meine Schularbeiten zu erledigen, aber Mama fuchtelt mit dem Kochlöffel herum und versucht mich an den Essenstisch zu zwingen.

„Lass mich in Ruhe", sage ich nur und schließe mich in meinem Zimmer ein.

„Hat Großmutter nicht mit dir geredet?" Mama klopft und hämmert von außen gegen die Tür.

Doch. Klar. Das Großmutter-Mutter-Komplott fühlt sich wohl superstark, hat aber trotzdem keinen Erfolg. Zumindest nicht bei mir, Leute! Ihr könnt noch so viel gegen die Tür donnern, ich ziehe hier drinnen mein Ding durch, und danach gehe ich zum Sport, ohne was gegessen zu haben. Es ist mein Körper. Und mein Leben!

Irgendwann hört Mama auch auf, sich wie eine Verrückte aufzuführen, aber als ich zwei Stunden später mit der Sporttasche aus meinem Zimmer komme, erwartet sie mich völlig verheult auf dem Flur. Leichenblass. Verschmierte Schminke. Jetzt will sie mir auch noch ein schlechtes Gewissen machen.

„Nina, so geht es nicht weiter", sagt sie.

„Und wieso nicht?"

„Du hungerst dich noch zu Tode."

„Das erzähl lieber mal deiner älteren Tochter."

„Billi ist von Natur aus spargeldünn. Das weißt du genau."

Na klasse! Von Natur aus dünn! Und ich soll es einfach so hinnehmen, dass die Natur ein Walross aus mir macht?

Schnell werfe ich meine Jacke über, Mama läuft inzwischen in die Küche und kommt zwei Sekunden später mit einem Apfel zurück.

„Nimm wenigstens den!"

Wortlos stecke ich den Apfel ein und mache, dass ich wegkomme.

Im Bus streikt dann mein Magen auf einmal so heftig und so laut, dass ich wirklich froh bin, wenigstens in einen Apfel beißen zu können. Die Frau neben mir liest die BUNTE. Ich linse kurz zu ihr rüber. Ein Foto von Fanny. Darüber die Schlagzeile: „Yasmin Borgfeld verlässt ‚5 unter einem Dach'."

Das ist doch nicht wahr! Unmöglich! Wie kann Fanny mir das nur antun!

Statt auf direktem Weg ins Sportstudio zu gehen, mache ich einen Abstecher in den Zeitungsladen und kaufe mir ebenfalls die BUNTE. Draußen setze ich mich zum Lesen auf einen Hydranten. Tatsächlich: Fanny steigt aus. Das jedenfalls hat ihre Mutter verlauten lassen. Angeblich möchte Yasmin erstmal eine Weile ausspannen, verreisen, um sich dann auf die Prüfung für eine Schauspielschule vorzubereiten.

Was für eine Gemeinheit! Das Einzige, worauf ich mich jeden Tag richtig freue, ist Fanny in „5 unter einem Dach". Und jetzt will man mir mein größtes Vergnügen wegnehmen! Blöde Fanny! Blöde Yasmin Borgfeld!

Wütend pfeffere ich die Zeitschrift in den Mülleimer auf der anderen Seite des Fußwegs und stapfe in die nächste Bäckerei. Eine Mohnschnitte, eine Himbeerschnitte, ein Mandelhörnchen. Ich weiß genau, was ich tue. Nämlich eine Mohnschnitte, eine Himbeerschnitte und ein Mandelhörnchen kaufen, gleich werde ich den Kuchen in mich hineinstopfen, auch wenn er sich postwendend in Form von Würsten auf meinen Hüften breit machen wird!

Es ist mir egal. Völlig egal! Sven mag mich sowieso nicht mehr, meine liebste Freundin Fanny verlässt mich und zu allem Überfluss hat sich Großmutter auch noch auf Mamas Seite geschlagen, damit sie mich gemeinsam zur Strecke bringen können. Ja, Leute, guckt mich nur an, wie ich den Kuchen in mich reinschlinge, ist doch wurscht, wie widerlich ich dabei aussehe.

Keine fünf Minuten später ist der Süßkram in meinem Magen verschwunden. Komisch, dass ich mich so vollgestopft geradezu wohl fühle, wirklich merkwürdig. Soll ich überhaupt zum Fitness gehen, ja?, nein?, doch dann entscheide ich mich dafür. Erstens habe ich sowieso nichts Besseres vor und zweitens... na ja, vielleicht taucht Sven ja auf, weil ihm zum Beispiel eingefallen ist, dass er mich gerne wieder sehen möchte...

An der Eingangstür zum Studio hängt ein Zettel:

5 Jahre Happy-Fitness. Ein Grund zu feiern!
Für alle Mitglieder steigt deshalb am Samstag ab 17 Uhr eine Riesenfete.
Die Geschäftsleitung.

Halb benommen taumele ich ins Studio. Die Gedanken purzeln nur so durcheinander. Eine Party am Samstag. Das ist die Gelegenheit, Sven über den Weg zu laufen. Aber ich bin zu dick! Und dann noch die drei Stück Kuchen, die gerade dabei sind, sich in meine Fettzellen zu schleusen...

Hilfe – was soll ich bloß tun? Am besten Sport treiben. Die ganze Woche über hart trainieren. Nichts Kalorienhaltiges mehr essen. Vielleicht gar nichts mehr essen. Und vor allen Dingen den Kuchen wieder ausspucken. Ohne zu zögern, gehe ich aufs Klo, Brille hoch, Finger in den Hals. Das Zeug kommt nur mühsam und unter schrecklichem Würgen raus, aber immerhin lässt mich mein Körper nicht im Stich. Völlig egal, wenn es das ganze Studio mitbekommt.

Zur Strafe bürde ich mir heute ein regelrechtes Mammutprogramm auf. Step-Master, Fahrrad, Geräte, dann wieder Step-Master – mein Fuß tut weh, aber mit zwei Schmerztabletten lässt er sich beruhigen. Vielleicht schaffe ich es sogar, bis zum Studiofest 44 Kilo zu wiegen. 1500 Gramm weniger Fett = 100 Prozent mehr Schönheit.

Ab und zu schiele ich in den Eingangsbereich, immer bereit für ein Lächeln – aber kein Sven taucht auf. Wie gerne würde ich ihn jetzt sehen! Noch einmal die Gelegenheit bekommen, mit ihm zu reden. Noch einmal die Gelegenheit zu so einer Nacht... Diesmal würde ich alles anders machen. Mich von ihm streicheln lassen, und wenn es zum Kuss kommt, nicht so albern sein und kneifen.

Mir ist schlecht, ich fühle mich wackelig auf den Beinen und mein Fuß schmerzt wieder. Dennoch mache ich weiter, bloß keine Müdigkeit vorschützen. Ich muss durchhalten, ich will es schaffen...

Irgendwann bin ich dann doch mit meinen Kräften am Ende. Völlig erledigt schleppe ich mich zur Sitzgruppe und plumpse in den Lederzweisitzer. Ich kann meine Beine nicht stillhalten, sie zittern, genauso meine Hände. Alles um mich herum erscheint mir wie durch einen Gazevorhang..., mein Herz pocht rasendschnell.

„Kann ich dir helfen?" Eine der Trainerinnen beugt sich zu mir runter. „Soll ich einen Arzt rufen?"

„Wieso denn?" Ich bemühe mich, das ganz beiläufig zu sagen.

„Du bist leichenblass!"

„Kein Arzt. Bitte! Geht schon wieder."

„Warte mal kurz." Das Mädchen springt auf, federleicht und dünn hüpft sie zur Rezeption, wo sie Mineralwasser in ein Glas gießt und eine Sprudeltablette dazugibt.

„Was ist das?" Panik. Vielleicht will sie mir heimlich Kalorien einflößen.

„Nur Kalzium. Wird dich wieder fit machen."

Sie hält mir das Glas hin, ich zögere einen Moment, kann mich nicht erinnern, jemals etwas über die Kalorienanzahl von Kalzium gelesen zu haben, aber dann trinke ich. Weil ich Durst habe und weil es sowieso keinen Sinn hat, sich derart in die Sven-Geschichte reinzusteigern.

Als ich später einigermaßen bei Sinnen dusche, stelle ich fest, dass meine Beckenknochen schon etwas hervortreten. Es sieht klasse aus – fast so schön wie bei Fanny.

16

45 Kilo! Ich fühle mich besser denn je, auch wenn bei uns zu Hause Krieg ausgebrochen ist.

Alle gegen Nina, heißt er, was ich ziemlich ungerecht finde. Mir bleibt nichts anderes übrig, als stärkere Geschütze aufzufahren.

Nicht essen, nicht reden, nicht zuhören – lautet meine Devise. Wenn ich aus der Schule komme, nehme ich mir gleich einen Apfel aus der Obstschale vom Flur und schließe mich in meinem Zimmer ein. Hausaufgaben erledigen, dann ab zum Sport. Mama präsentiert mir fast nur noch ihr verkniffenes Gesicht. Aber ich darf mich nicht weich klopfen lassen. Noch ein paar Tage und ich werde 44 Kilo wiegen. Mit 44 Kilo ist mir Sven so gut wie sicher!

Himmel noch mal, was ziehe ich bloß an? Seit ewigen Zeiten habe ich mir nichts Neues gekauft. Selbst schuld. Mama hat es mir noch und nöcher angeboten, doch was kann man sich als fette Schnecke schon zulegen? Und jetzt ist der Zeitpunkt mehr als ungünstig. Mama nervt nur noch rum, und selbst Großmutter spielt sich plötzlich als Meckertante vor dem Herrn auf. Außerdem habe ich immer öfter Magenschmerzen. Vielleicht kommen sie von den vielen Schmerzmitteln, aber die muss ich nehmen, weil mein Fuß noch wehtut und ich andernfalls nicht trainieren kann. Also sind Magenschmerzen immer noch das kleinere Übel.

Zwei Tage vor dem Fest schleiche ich mich in Billis Zimmer, um ihren Kleiderschrank zu durchstöbern. Natürlich habe ich den Moment so günstig abgepasst, dass niemand zu Hause ist. Ungeduldig zerre ich eine ihrer Stretchhosen heraus, nehme mir auch ein bauchfreies T-Shirt. Mein Herz bubbert, als ich in die Sachen schlüpfe. Und wenn ich noch immer fett und unförmig aussehe? Kann ich meinen Bauch überhaupt in der Öffentlichkeit zeigen? Mit weichen Knien wage ich mich schließlich vor unseren großen Flurspiegel.

Es geht. Auf den ersten Blick ist mein Spiegelbild zu ertragen, auch wenn es mich nicht gerade vom Hocker reißt. Rechts und links quillt jeweils ein kleines Röllchen über den Hosenbund, meine Beine sind immer noch zu dick, mein Bauch auch.

Ich hocke mich auf den Boden und atme tief durch. Werde ich Sven gefallen? Oder wird er denken, Mensch, ihre Schenkel sind aber viel zu fett für so eine knallenge Hose!

Ich rappele mich wieder hoch und schaue mich ein zweites Mal an.

Diesmal versuche ich objektiv zu sein. Wie fände ich dieses Mädchen, wenn ich es nicht kennen würde? Ich strenge mich ganz fürchterlich an, aber es will mir nicht gelingen. Zu vertraut dieser Blick, diese Haltung, dieser ganze Körper.

Eine Chance habe ich noch. Der Handspiegel aus dem Bad... Ich will genau wissen, wie ich von hinten aussehe. Die Form meines Pos, meine Beine... Schnell ins Badezimmer, dann beziehe ich wieder Stellung vorm Spiegel. Nein, es geht nicht, unmöglich! Mein Hinterteil wölbt sich wie ein Apfel, gleichzeitig drückt er die Hose birnenförmig in die Breite.

Völlig deprimiert beende ich meine Modenschau und lege die Sachen zurück in Billis Schrank. Ich habe nur zwei Möglichkeiten. Entweder blamiere ich mich in meinem hässlichen Schlammrock oder ich ziehe Billis Klamotten an. Dazwischen gibt es nichts. In meinen Jeans sehe ich sowieso wie eine trächtige Seekuh aus und meine karierte Workerhose macht mich viel zu jungenhaft.

Das Leben ist grausam. Natürlich würde ich am liebsten Billis hippes Outfit tragen, aber ich fürchte, meine Rundungen machen mir einen Strich durch die Rechnung. Auch wenn ich von jetzt an 24 Stunden täglich im Studio trainiere und nur noch Leitungswasser mit Zitronenspritzern trinke, mehr als ein Kilo werde ich bis zum Wochenende nicht mehr abnehmen.

Aus. Ende. Am besten, ich gehe gar nicht erst hin.

17 **Dann ist Samstag. Ich wiege 44 Kilo,** mein Fuß tut kaum noch weh, sprich, ich bin glücklich! Natürlich werde ich zu dem Fest gehen – und zwar bauchfrei.

Beim Frühstück ist Papa total erpicht darauf, eine Grundsatzdiskussion mit mir zu führen, aber ich sage ihm, ich hätte keine Zeit, und um ihn ruhig zu stellen, verspreche ich ihm, morgen mit ihm zu reden. Morgen ist noch ewig hin, wer weiß schon, was morgen ist!

Die Fete geht bereits um fünf Uhr nachmittags los, vor sieben möchte ich allerdings nicht dort auftauchen. Schließlich will ich sicher gehen, dass Sven auch schon da ist. Ich würde es hassen, wie Piksieben in einer Ecke herumzustehen und auf ihn zu warten.

„Was ist das überhaupt für eine Party?", fragt Papa. Typisch. Erst kümmert er sich nicht die Bohne um einen und dann stellt er auf einmal dumme Fragen.

„Jubiläumsfest in meinem Fitnessstudio", antworte ich einsilbig.

„Gehst du alleine?"

„Ja."

„Und wie fährst du zurück?"

„Mit dem Bus. Wie sonst?"

„Kommt überhaupt nicht in Frage", schaltet sich Mama ein. „Ich hole dich ab."

„Ist echt nicht nötig", wehre ich ab, habe aber keine Chance.

„Um halb elf warte ich vorm Studio im Wagen auf dich."

Halb elf! Babys werden um halb elf abgeholt! Also ehrlich – manchmal hat meine Mutter einen Knall.

Kaum bin ich in meinem Zimmer verschwunden, kommt Papa mir nachgedackelt.

„Musst du nicht arbeiten?", frage ich. Es passt mir überhaupt nicht, dass er sich einfach auf mein Bett setzt.

„Nein." Papa betrachtet seine Fingernägel. „Na ja... Vielleicht nachher noch ein, zwei Stunden."

Das kennt man ja. Aus ein, zwei Stunden werden immer ganz schnell drei, vier, fünf, sechs, sieben...

„Nina..."

„Nun spuck's schon aus!" Erwachsene, die um den heißen Brei herumreden, sind ziemlich lächerlich.

„Ehrlich gesagt kann ich mich überhaupt nicht erinnern, dass ich Pummelchen zu dir gesagt habe."

„Oh no! Woher weißt du das denn schon wieder?" Langsam kriege ich das Gefühl, dass alle Zimmer unserer Wohnung verwanzt sind!

„Großmutter hat es mir erzählt. Und es tut mir so wahnsinnig Leid. Für mich bist du immer ein schlankes Mädchen gewesen."

„Offensichtlich nicht. Sonst hättest du nicht…"

„Manche Kosewörter rutschen einem eben so raus", verteidigt sich Papa.

Pummelchen und ein Kosewort – haha!

„Du hast doch nicht hoffentlich deswegen mit dem Hungern angefangen…?" Papa klingt richtig ängstlich.

„Ich hätte es sowieso getan. Aber wenn du mir jetzt auch noch einreden willst, dass ich zu dünn bin, dann…"

„Keine Angst", plappert Papa dazwischen. „Ich finde, du siehst schon ganz in Ordnung aus, aber im Sinne deiner Gesundheit solltest du wirklich auf deine Mutter hören und Schluss mit der Diät machen."

Blablabla. Zum einen Ohr rein, zum anderen wieder raus.

„Kann ich jetzt bitte schön baden?"

„Natürlich, mein…" Papa unterbricht sich und lacht verlegen.

„Siehst du! Jetzt hättest du fast wieder Pummelchen gesagt!"

„Und wenn schon! Betrachte es als ein Relikt aus deiner Baby-Zeit, okay?"

Klasse…

Reichlich mies gelaunt schließe ich mich im Bad ein. Um Mama eins auszuwischen, wasche ich mir mit ihrem teurem Designer-Shampoo die Haare und quetsche mir den letzten Rest ihrer Schönheitsmaske aufs Gesicht.

Später, nachdem ich meine Haare geföhnt und zu lauter witzigen Schnecken am Kopf festgesteckt habe, geht's ans Schminken. Natürlich mit Mamas Make-up; ich besitze nämlich nur eine mickrige Wimperntusche. Anders meine Staralllüren-Mutter. In ihrem Schminktäschchen gibt es tausend Tuben, Tiegelchen, Lidschatten in allen Farben, Rouge, Kajalstifte, Lippenstifte, Konturenstifte…

Da ich mich nicht entscheiden kann, welches Zeug ich wohin schmieren soll, fange ich wie üblich mit dem Tuschen der Wimpern an, trage danach dunkelgrauen Lidschatten auf die Lider, so dass ich gleich zwei Jahre älter wirke. Schwarzer Lidstrich, knallroter Lippenstift – Billi würde vor Neid erblassen, könnte sie mich jetzt sehen!

Ich prüfe, ob die Luft rein ist, düse schon in ihr rosafarbenes Plüschzimmer, um ihre sexy Filmstarklamotten anzuziehen. Die Aktion dauert keine zwei Minuten, dann klettere ich auf Billis Bett und versuche mich in voller Montur vor ihrem Schminkspiegel zu begutachten. Man staune, aber es ist das erste Mal, seit ich auf der Welt bin, dass ich mich einigermaßen okay finde. Wenn ich den Bauch einziehe und mit den Augen blinzele, gehe ich glatt als Fanny Nummer zwei durch!

Noch drei Stunden, bis ich los kann. Ich trödele in meinem Zimmer herum, ziehe mir in regelmäßigen Abständen die Lippen nach – hoffentlich merkt Mama nicht, dass ihr Lippenstift weg ist –, dann kommt der unglückselige Moment, in dem ich mich noch mal schnell ganzkörpermäßig im Flur abchecken möchte und Mama prompt aus dem Wohnzimmer stöckelt. Sie bleibt stehen und starrt mich an, als könne sie mich überhaupt nicht einordnen.

„Ich geh dann mal", sage ich so normal wie möglich, während ich nach meiner Jacke greife.

„Hast du Billi gefragt, ob du ihre Sachen anziehen darfst?" Mamas Stimme ist eiskalt.

„Wie denn? Außerdem – sie wird's schon überleben." Ohne Mama anzuschauen, eiere ich zur Tür.

„Dann wirf die Klamotten später in den Wäschekorb. Besser, Billi merkt nichts." Was ist denn mit Mama los? Ich lächele sie an. Manchmal führt sie sich doch gar nicht so übel auf.

Das Studio ist nicht wieder zu erkennen. Grellbunte Lichter, überlaute Musik, Menschen, Menschen und noch mal Menschen.

Gerade im Bus habe ich mich noch gebrieft: Du bist die Größte und Schönste und Schlankeste, immer wieder habe ich es runtergebetet und fast geglaubt, aber jetzt stürzt mein ganzes Selbstbewusstsein mit einem defekten Fahrstuhl in den Keller.

Ich kenne hier niemanden, kein einziger da, mit dem ich reden könnte. Okay, Sven vielleicht, aber wie soll ich ihn hier inmitten der vielen Leute finden? Trotzdem zahle ich brav meine acht Mark Eintritt, lasse mir einen Dinosaurierstempel aufdrücken und gehe rein.

„He! Deine Frisur ist schräg!" Ein Mädchen mit blonden Kräusellocken steht neben mir und begutachtet mich von oben bis unten.

„Trainierst du auch hier?", fragt sie weiter.

Ich nicke und bin froh, dass ich nicht ganz alleine herumstehen muss. Auch wenn ich kein bisschen Lust habe, mich mit diesem Mädchen zu unterhalten, spiele ich das Spiel mit. Erzähle ihr, wann ich in welche Kurse gehe, welche ich am liebsten mag und verrenke mir gleichzeitig den Hals nach Sven.

Leider umsonst. Kein Junge mit blonden Haaren.

„Hast du schon gehört, dass es bald einen neuen Fitßnessraum gibt?", palavert das Mädchen weiter. „Die ganze fünfte Etage wird ausgebaut!"

„Wahnsinn", sage ich, obwohl es mir eigentlich völlig schnuppe ist, ob ich nun im vierten oder fünften Stock trainiere.

„Und auf die Dachterrasse kommt eine Sauna." Das Mädchen stippt mich in die Seite. „He – hast du vielleicht eine Zigarette?"

Ich schüttele den Kopf, dann bin ich sie los. Vielleicht wollte sie mich nur anschnorren, deshalb ihr Gesülze.

Was mache ich jetzt bloß? Gut – gehe ich mal kurz auf die Toilette. Obwohl ich fast ein ganzes Kilo Haarspray draufgesprüht habe, löst sich eine meiner Schnecken.

„Nina?"

Ich habe schon die Klinke der Klotür in der Hand, drehe mich um. Es ist Sven. Mit gelb gefärbten und punkig hochgestellten Haaren.

„Ähm", sage ich nur, bevor meine sämtlichen Gehirnfunktionen ihren Dienst aufgeben.

„Wie geht's denn so?"

„Super!" Meine Stimme überschlägt sich fast vor lauter Verkrampftheit.

Aber statt zu sagen: „Du hast richtig Ähnlichkeit mit 'ner Filmschauspielerin" oder „Hey – was für'n Wahnsinns-Outfit!", meint Sven nur ganz ruhig, ich würde ja ziemlich blass und müde aussehen und ob ich etwa krank sei.

Ich und krank? Drei Stunden lang habe ich mich mit den Edelprodukten meiner Mutter aufgemöbelt und jetzt will dieser Kerl wissen, ob ich krank bin!

„Nein…ähm…, mir geht's blendend", bringe ich stockend hervor.

Ich rühre mich nicht vom Fleck, hoffe, dass er vielleicht noch auf unsere gemeinsame Nacht anspielt, aber er kräuselt nur seine Lippen, grinst und sagt: „Na, dann will ich dich nicht aufhalten."

Weg ist er.

Im Klo drängelt sich eine ganze Clique sonnenstudiobrauner Mädchen zwecks Anpinsel-Aktionen vorm Spiegel. Auch das noch! Ich tauche kurz in einer Kabine unter, warte mit pochendem Herzen, dann verlassen die Mädchen endlich gackernd den Vorraum. Genau wie sie beuge ich mich kurz darauf übers Waschbecken, um mein Make-up und die Frisur zu restaurieren. Immerhin weiß Sven jetzt, dass ich da bin. Vielleicht wird er mich suchen und mit mir tanzen wollen oder wir gehen zusammen in unseren Übernachtungsraum, in dem die Stepper stehen. Möglich, dass er auch gleich vor der Toilette auf mich wartet. Toll sah er aus mit seinen gefärbten Haaren. So fremd und anders und doch irgendwie auch vertraut...

Ein letztes Mal ziehe ich mir die Lippen nach, dann reiße ich mit einem Ruck die Tür auf, lege vorsichtshalber schon mal ein Lächeln auf.

Kein Sven. Vielleicht ist er am Buffet oder er hat an der Rezeption noch irgendwelchen Papierkram zu erledigen. Ich schiebe mich durchs Gedränge, sehe überall nach, aber Fehlanzeige. Sven ist wie vom Erdboden verschluckt.

Okay, genehmige ich mir in der Zwischenzeit ein Mineralwasser. Aus lauter Langeweile inspiziere ich das Buffet; im gleichen Moment merke ich, wie sich eine Hungerwelle in meinem Magen bricht. Gut so. Was es hier zu essen gibt, haut mich sowieso nicht vom Hocker. Fettige Nudelsalate, Käse, Salami und Tsatsiki, außerdem jede Menge Erdnussflips, Salzstangen und Chips...

Ohne dass ich irgendetwas dagegen tun kann, beuge ich mich runter und schnuppere an der Schale. Hmm! Chips! Aber ich darf nicht davon naschen, schon eine Hand voll Chips hat mehr als 100 Kalorien! Ich lungere noch eine Weile vorm Buffet herum, aus meinem Glückshunger wird plötzlich ein Ich-will-essen-Hunger und dann nehme ich mir eine Salzstange. Das geht schon in Ordnung, Salzstangen sind nicht gerade fett, ich schnappe mir eine zweite und marschiere damit zur Tanzfläche.

Könnte ich mich nur einmal im Leben so bewegen wie die Tanzwütigen hier! Nicht nur richtig im Rhythmus, sondern auch mit Power. Da hinten! War das nicht eben Svens Haarschopf? Ich schleiche einmal um die Tanzfläche, wieder blitzen diese leuchtend gelben Haare hervor... tatsächlich – es ist Sven. Es gibt aber auch noch eine zweite, ziemlich üble Überraschung. Sven tanzt mit einem Mädchen! Dunkle lange Haare, sehr hübsch, Figur mopsig bis fett...

Die zwei Salzstangen rumoren in meinem Magen und wollen fast wieder raus. Aber ich schaffe es einfach nicht, mich von der Stelle zu rühren. Ich kann nur hier stehen und zugucken, wie Sven mit dieser Tussi tanzt! Jetzt macht er einen völlig albernen Hocksprung, er streift den Arm des Mädchens und strahlt sie an, als würde er für irgendeine Zahnpasta Werbung machen...

Ich halte das nicht aus, ehrlich nicht! Wie kann er nur mit so einer fetten Kuh tanzen? Wieso nicht mit mir, wo ich heute fast so cool wie Fanny aussehe?

Aber die Vorstellung geht noch weiter. Plötzlich zieht Sven die Tussi zu sich heran (oder die Tussi Sven?), die beiden tanzen eng, obwohl kein Mensch zu schnellen Techno-Beats eng tanzt, und dann küssen sie sich. Sie küssen sich! Ich kann genau sehen, wie seine Zunge in ihren Mund wandert, und da wird mir endgültig schlecht. Ich stürze aufs Klo, würgend, und erst als die beiden Salzstangen raus sind, fühle ich mich halbwegs erleichtert. Der kann mich mal, der Idiot! Wenn er glaubt, dass ich so eine Dummbacke wie ihn anhimmele, dann hat er sich geschnitten!

Weiß wie die Wand stehe ich vorm Spiegel, spüle meinen Mund aus und überlege, was ich tun soll. Mit dem Bus nach Hause fahren? Auf Mama warten? Oder hier bleiben und aus lauter Trotz tanzen? Etwas essen?

Nichts essen. Den Gefallen werde ich ihm garantiert nicht tun. Ich bin sowieso schöner als sie, habe nicht so einen widerlichen Pummelbauch und Oberschenkel, die beim Gehen aneinander scheuern. Noch etwas unsicher auf den Beinen schleiche ich an den Tanzenden vorbei in den Raum mit den Step-Mastern. Es ist unser Raum, nur dass er jetzt nicht hier ist. Niemand ist hier, ich bin ganz alleine mit ein paar Cola- und Bierkästen.

Ohne nachzudenken steige ich auf einen der Stepper, gebe mein Gewicht ein, das Programm, die Trainingsdauer. 45 Minuten... 45 Minuten lang die Zeit totschlagen, ohne einen fiesen Sven sehen zu müssen, ohne mir darüber Gedanken zu machen, wann ich nun wie nach Hause komme.

Nach etwa fünfzehn Minuten fange ich an zu keuchen. Ich schwitze die Sachen meiner Schwester durch, was sie auch nicht anders verdient haben. Immerhin haben sie mir nur Pech gebracht, diese dämlichen Billi-Klamotten! Ich trete und trete, und weil ich noch nicht genügend schwitze, stellte ich den höchsten Widerstand ein. Wahrscheinlich zerläuft jetzt meine ganze Schminke, aber was spielt das noch für eine

Rolle? Mir ist ein bisschen übel, doch wenn ich dagegen antrainiere, wird es schon gehen... Weiter und weiter, der Schweiß rinnt mir runter, vor meinen Augen tanzen plötzlich Punkte. Herrlich rote Punkte und gelbe, ich bin ganz leicht, werde zu einer Feder und dann fliege ich, höher und immer höher, bis ich endlich mit der Nase in den Himmel stupse...

Stimmen. Flüsternd und nicht zu verstehen. Wo bin ich? Ist die Party schon zu Ende? Irgendwie tut mir alles weh, aber ich habe keine Lust, die Augen zu öffnen, schlafe lieber eine Runde. Als ich aufwache, sehe ich sie alle überdeutlich und in grellen Farben: Mama, Papa, Großmutter, eine Frau mit Schmetterlingsbrille und Arztkoffer, sie stehen Spalier an meinem Bett...
Wie bin ich bloß nach Hause gekommen? Eben war ich doch noch auf dem Fest, habe Salzstangen gegessen und Sven beim Tanzen zugesehen...
„Ich möchte was trinken", sage ich, weil sich mein Mund wie ausgedörrt anfühlt.
Großmutter verlässt sofort das Zimmer, die Frau mit der Schmetterlingsbrille nimmt meine Mutter beiseite, sie tuscheln miteinander, gehen dann ebenfalls aus dem Raum. Nur Papa bleibt und setzt sich zu mir aufs Bett.
„Kannst du mir vielleicht mal erklären, was los ist?", frage ich.
Im gleichen Moment fällt es mir wieder ein: Ich bin auf meinen Lieblingsstepper gegangen, und plötzlich war mir so entsetzlich schlecht und dann...
„Du bist ohnmächtig geworden. Das ist passiert."
Schon kommt Großmutter zurück und reicht mir ein Glas Wasser. Vier Augen, die mich ansehen, als wäre ich bereits unterwegs ins Jenseits. Geradezu albern. Jeder wird mal ohnmächtig, na und? Was ist schon groß dabei?
„Ich möchte jetzt schlafen", sage ich, da keiner von beiden den Mund aufmacht.
Zwei Sekunden später ist Mama wieder da. Ohne Brillenfrau im Schlepptau.
„Na, mein Schatz?" Sie grinst verkrampft, flüstert dann mit Großmutter und Papa, die daraufhin aufstehen und rausgehen. Stattdessen setzt sich jetzt Mama auf mein Bett.

Ja, sind denn hier alle verrückt geworden?

„Mama, was wollte die Ärztin? Okay, ich bin umgekippt, aber…"

„Nina, hör mal zu." Mama rückt ein Stück zu mir heran, stützt sich links und rechts auf die die Kanten der Bettdecke, so dass ich wie eine Wurst im Schwitzkasten daliege. „Die Ärztin meinte, du könntest möglicherweise…"

„Mama! Ich bin hundemüde! Ich will einfach nur schlafen!"

„Und was die Ärztin gesagt hat, interessiert dich nicht?"

„Nein!"

„Dann sage ich es dir trotzdem. So wie's ausschaut, bist du magersüchtig. Oder auf dem besten Weg dahin…"

Mit einem Ruck richte ich mich auf. Mama prallt erschrocken zurück.

„Hat die euch den Verstand weggebeamt, oder was? Ich und magersüchtig! So ein Quatsch!"

Mama versucht meine wie von selbst herumfuchtelnden Arme festzuhalten und ich schlucke die paar hässlichen Wörter runter, die mir auf der Zunge liegen. „Wir müssen die Diagnose der Ärztin ernst nehmen, hörst du? Und du weißt doch selbst, dass du kaum noch was isst…"

„Stimmt doch gar nicht!"

„Natürlich stimmt es. Und du hast rapide abgenommen!"

Mama schlägt ganz plötzlich meine Decke zurück und reißt mir das Billi-T-Shirt hoch. „Schau mal! Ist es etwa normal, dass die Rippen so raustehen?"

„Das ist schön!", schreie ich. „Du hast ja keine Ahnung!"

„Außerdem treibst du exzessiv Sport."

„Ja! Weil Sport gesund ist! Kannst du überall lesen!"

Mama lässt mich plötzlich los. Ihre Hände plumpsen schlaff in ihren Schoß. „Es wäre jedenfalls ganz… fürchterlich", sagt sie dann mit monotoner Stimme. Sie schaut mich nicht an, aber von der Seite sehe ich, dass sich ihre Augen mit Tränen füllen.

„Bitte, Mama!" Wenn ich eins nicht ertragen kann, dann ihre erpresserischen Tränen. Ich ziehe mein T-Shirt wieder runter und kuschele mich in die Decke. „Ich bin nicht magersüchtig! Kannst du mir ruhig glauben!"

Mama dreht mir jetzt ihr Gesicht zu und sieht mich an, ohne ein Wort zu sagen. Irgendwie sieht sie auf einmal ganz jung aus. Und ängstlich wie ein kleines Mädchen.

„Mama, ich hab schon tausend Filme über Magersüchtige gesehen! Das sind Mädchen, die nur noch 35 Kilo wiegen und im Krankenhaus zwangsernährt werden! Aber guck mich doch an! Ich bin schön schlank und fit und dass ich einmal umgekippt bin, okay... Ist dir so was nie passiert?"

Aber statt zu antworten, fragt Mama: „Wann hattest du eigentlich zum letzten Mal deine Regel?"

„Ich weiß nicht..." Hilflos suche ich die Decke mit den Augen ab.

„Bekommst du deine Regel überhaupt noch?"

Mit einer heftigen Bewegung drehe ich mich auf den Bauch. Was geht das Mama eigentlich an? Außerdem weiß ich wirklich nicht, wann ich zum letzten Mal meine Tage hatte. Vor vier Wochen? Vor sieben? Keine Ahnung...

„Pass auf." Mama bemüht sich um einen freundlichen Tonfall. „Morgen gehst du zu Frau Dr. Henning."

„Ich will aber nicht!", murmele ich in mein Kopfkissen.

„Keine Diskussion. Das hat die Notärztin angeordnet."

„Aber ich bin kerngesund!"

„Gut. Wenn das so ist, wird Frau Henning das ja bestätigen."

Mama streicht mir flüchtig über die Schulter, dann geht sie mit den Worten „Und zieh dir noch deinen Schlafanzug an" raus.

Wie betäubt liege ich in meinem Bett. Ich will nicht zur Ärztin, ich will nicht, ich will nicht...

18

Immer noch 44 Kilo – es ist okay. Aber was sich hier in meiner Familie abspielt, ist alles andere als okay. Während ich den totalen Sven-Liebeskummer habe, nervt Mama mich in einer Tour, dass ich zu unserer Hausärztin Frau Henning gehen solle, und dann macht sie fieserweise hinter meinem Rücken einfach einen Termin ab. Es ist nicht zu fassen! Auf der einen Seite halten Eltern einem immer vor, man sei doch so gut wie erwachsen, auf der anderen Seite schicken sie einen wie ein kleines Baby zum Arzt! Ich bin nicht krank – verdammt noch mal! Aber es hilft alles nichts. Mama holt mich nach der Schule ab und fährt mich direkt in die Kantstraße.

„Ich warte hier im Auto", sagt sie, langt über mich hinweg und öffnet die Beifahrertür.

Immerhin... Ich dachte schon, sie würde mich an die Hand nehmen und mich in die Praxis schleifen. Während ich die hohe und schwere Tür zu dem Altbauhaus aufstemme, überlege ich kurz, ob ich mich für eine halbe Stunde im Treppenhaus verstecken und dann mit den Worten „Alles in Ordnung" wieder zu Mama ins Auto steigen soll, aber wahrscheinlich würde sie Details wissen wollen, und dann käme ich ins Schleudern.

Ich finde Wartezimmer abscheulich. Ich mag nicht den Geruch von Hustenmitteln und alten Zeitschriften und ich mag es nicht, hier herumzuhocken und meine kostbare Zeit zu vergeuden.

Zum Glück muss ich nur fünf Minuten warten, dann schickt mich die Sprechstundenhilfe in Frau Hennings Behandlungszimmer.

„Nina!", ruft sie mir freundlich lächelnd entgegen. „Dich habe ich ja lange nicht gesehen."

Ihr Blick gleitet an mir rauf und runter und dann fügt sie hinzu: „Du bist aber wirklich schmal geworden."

Wirklich schmal geworden? Das kann doch nur heißen, irgendjemand hat sie schon gebrieft. Entweder die Brillenärztin oder meine Mutter.

Nach ein paar belanglosen Wortplänkeleien beginnt Frau Henning mit der Untersuchung. Sie klopft und tastet an mir herum und zum Schluss soll ich vor ihren Augen auf die Waage steigen.

„Angezogen?", frage ich unsicher und denke mit Erschrecken daran, dass ich mit Klamotten sicher gleich ein paar Zentner wiege.

„Ja sicher. Zieh nur deine Schuhe aus."

Mit zittrigen Fingern löse ich die Schuhbänder, streife die Turnschuhe ab und dann stelle ich mich auf die Waage. Ganz vorsichtig, mein Herz pocht, besser, ich schließe die Augen.

„Gut. Fertig."

Frau Henning notiert etwas auf meiner Karteikarte und bittet mich dann, wieder meine Schuhe anzuziehen.

„Kann ich jetzt gehen?", frage ich in der vagen Hoffnung, dass der Spuk schon vorüber ist.

Frau Henning schüttelt den Kopf. „Für morgen früh gebe ich dir einen Labortermin. Wir wollen noch dein Blut untersuchen."

„Okay." Schon bin ich an der Tür, aber Frau Henning dirigiert mich auf den Stuhl vor ihrem Schreibtisch. Hilfe – ich sitze in der Falle!

„Deine Mutter hat mir einiges über dein Essverhalten in der letzten Zeit erzählt. Wie viel Kilo hast du abgenommen?"

Ich werde rot, schaue, um Zeit zu schinden, auf meine Nägel.

„Ähm... Vier." Natürlich ist es eine Lüge.

„Bist du dir sicher?"

„Ja!", kreische ich. „Jetzt sagen Sie mir noch, ich hab Magersucht, und ich sage Ihnen, es stimmt nicht!"

„Nina! Niemand behauptet das."

Puhh. Noch mal Glück gehabt. Verschnaufpause.

„Ich möchte dir jetzt mal was erklären: Anorexia nervosa, also Magersucht, ist eine Krankheit, die hauptsächlich bei jungen Mädchen in deinem Alter vorkommt. Meistens fängt es mit einer ganz harmlosen Diät an, die Mädchen nehmen ab und nehmen ab, sie quälen sich mit Hungergefühlen herum, aber irgendwann kommt der Zeitpunkt, an dem sie nicht mehr selbst bestimmen können, ob sie mit dem Hungern aufhören wollen. Sie genießen ihr Hungergefühl, und obwohl sie schon spargeldünn sind, finden sie sich fett und wollen immer mehr Gewicht verlieren. Ungefähr zehn Prozent aller Betroffenen sterben an dieser Krankheit."

Ein schriller Lacher entfährt mir. Was bitte schön soll das alles mit mir zu tun haben?

„Dann sind da noch die Bulimiekranken", fährt Frau Henning fort. „Die nehmen auf einen Schlag bis zu 20.000 Kalorien zu sich und erbrechen sich danach. Natürlich gibt es auch Mischformen. Also Mädchen, die zwar hungern, aber ebenfalls hin und wieder Fressanfälle bekommen und sich hinterher den Finger in den Hals stecken."

Ich schlucke. Meine Hände sind schweißnass.

Frau Henning sieht mich mit starrem Blick an. „Ich weiß nicht, wo du genau stehst, Nina. Vielleicht am Anfang der Anorexia nervosa, vielleicht frisst du auch manchmal und kotzt – die Frage kannst nur du allein ehrlich beantworten. Aber wenn du meine Meinung hören willst: So oder so leidest du an einer Form der Essstörung."

Mir ist, als habe mir Frau Henning einen Faustschlag in den Magen versetzt.

„Aber Magersüchtige wiegen nur 30 Kilo und liegen im Krankenhaus mit 'ner Sonde im Magen!", schreie ich. Wie kann diese Ärztin nur genauso gemein wie der Rest meiner Family sein! Ganz bestimmt hat Mama sie den ganzen Morgen telefonisch bearbeitet!

„Irgendwann einmal, ja. Wenn sie nicht mit dem Hungern aufhören. Aber jedes Mädchen, das zwangsernährt wird, hat mal genau wie du mit einer Diät angefangen. Alle haben sie mal 45 Kilo gewogen…"

Frau Henning macht eine Pause, in der sie wieder in meiner Karteikarte herumschreibt. Ohgottohgottohgott, 45 Kilo!! Hab ich's doch geahnt, dass ich mit Klamotten so viel auf die Waage bringe!

„Nina – dein Gewicht ist zwar noch nicht lebensbedrohlich, aber für deine Größe wiegst du viel zu wenig! Dein Idealgewicht liegt bei mindestens 53 bis 55 Kilo!"

53 bis 55 Kilo! Was hat die Tante eigentlich für eine Ahnung? Ich weiß doch selbst, was für ein unförmiges Monster ich noch vor kurzem war! Und so was schimpft sich Ärztin!

„Also, ich schlage folgendes vor: Erst schauen wir, ob deine Blutwerte in Ordnung sind, dann setzen wir uns noch einmal in Ruhe zusammen und überlegen, ob es nicht sinnvoll wäre, wenn du therapeutische Hilfe in Anspruch nimmst…"

„Therapie? Wieso denn das? Bin ich vielleicht verrückt?"

„Nein. Du bist nicht verrückt." Frau Henning lächelt. „Ich möchte nur verhindern, dass du eines Tages zwangsernährt werden musst."

„Noch was?"

„Nein. Das war's für heute."

Ich schnappe mir meine Jacke und laufe mit zusammengepressten Lippen aus der Praxis.

Sie können mich alle mal! Mama, Papa, Großmutter, ihr semiverkalkter Lover, meine Lehrer, Stella mit ‚st', Julie Brown, Sven und in erster Linie

Billi, die sich wieder bei uns eingenistet hat und mir die Ohren von irgendwelchen magersüchtigen Ballerinen zuquatscht, die sich tatsächlich eines Tages zu Tode gehungert haben.

Was geht mich das an? Billi ist doch sowieso nur missgünstig. Klar will sie nicht, dass ich genauso schlank wie sie werde, dann könnten sich ja irgendwelche Jungs auf der Straße theoretisch auch nach mir umdrehen.

Ich habe mir einen Plan zurechtgebastelt. Zur Schule gehen, mich nachmittags in meinem Zimmer einschließen, nach den Hausaufgaben zum Sport fahren, ansonsten mit niemandem reden, weiterhin nicht mehr als 500 Kalorien am Tag zu mir nehmen. Und vor allem: nicht an Sven denken.

Wie können mir nur alle Leute ernsthaft einreden wollen, dass ich kurz davor bin, ins Krankenhaus eingeliefert zu werden? Wenn ich in den Spiegel schaue, sehe ich ein Mädchen mit kupferrot gefärbten Haaren, das auf dem besten Weg ist, seine Traumfigur zu bekommen. Nicht mehr und nicht weniger.

Die ersten Tage funktioniert mein familiäres Überlebenstraining so weit ganz gut. Mama nervt zwar ab und zu rum und will mich mit ihrem superklugen Fachwissen zum Thema Magersucht belabern, aber ich höre einfach nicht hin. Zum einen Ohr rein, zum anderen wieder raus, und zu Frau Henning gehe ich auch nicht zum Blutabnehmen. Mama müsste mich schon mit Tabletten betäuben, um mich ein zweites Mal zu dieser fiesen Ärztin zu kriegen, die doch nur ihr Geld mit mir verdienen will.

So gesehen habe ich meine Ruhe. Fast... Denn die Schule nervt mich neuerdings nur noch. In Bio bin ich abgesackt, in Musik auch, und zu allem Überfluss würgt mir Herr Fatzke in Englisch eine Drei rein. Die erste Englisch-Drei meines Lebens! Normalerweise stehe ich in Englisch mindestens auf Zwei plus. Es ist zum Heulen! Und dann schiebt mir Stella in der Pause auch noch ihr eklig stinkendes Harzer-Käse-Brot rüber und meint, ich solle es ruhig essen, meine Wangen seien ja so ganz eingefallen.

„Was dagegen?"

„Na ja, es sieht..." Stella verstummt und glotzt mich aus himmelblauen Fischaugen an.

„Na los! Wie sieht es aus?"

„Eher..."

Ich packe sie am Ärmel und schüttele sie. Die ganze Klasse sieht zu und feixt sich schon einen.

„... hässlich", vollendet Stella mit ‚st' dann ihren Satz und fängt hysterisch an zu kichern.

„Und du siehst hässlich fett aus!", brülle ich und flüchte mich unter dem Gekreische der anderen aufs Klo.

Typisch! Immer wenn man etwas im Leben erreicht, hat man es nur mit Neid, Neid und nochmals Neid zu tun. Julie Brown macht auch schon immer so Anspielungen, von wegen ich sähe so durchsichtig aus und ob ich im Geschäft überhaupt noch Klamotten in meiner Größe finden würde. Dabei gönnen sie einem einfach nicht das Schwarze unter dem Fingernagel!

Als ich an diesem sowieso schon verkorksten Tag nach Hause komme, öffnet Billi die Tür. Sie legt ihren Zeigefinger auf die Lippen und grinst dämlich.

„Was ist los?"

„Mama und Großmutter streiten sich."

„Interessant", sage ich und ziehe meine Jacke aus.

„Es geht um dich. Um deine Ano..., na, du weißt schon."

Ich schubse Billi beiseite und schleiche mich zur Wohnzimmertür. Sie ist nur angelehnt, so dass man prima lauschen kann.

„Du bist ja völlig verrückt geworden!", höre ich Mama zetern. „Was hab ich damit zu tun?"

„Oh! Eine ganze Menge!" Das ist Großmutter. „Und ich wahrscheinlich auch! Wir dürfen uns nicht unserer Verantwortung entziehen. Gerade bei Magersucht stecken immer Familienprobleme dahinter!"

„Was für Familienprobleme meinst du?" Mama spricht mit irgendwie erstickter Stimme. „Bei uns ist doch alles in Ordnung! Größere Probleme hat es so gut wie nie gegeben. Und wenn du glaubst, dass ich mich mit meiner Tochter auf die Couch lege... – nein, das kannst du wirklich nicht von mir verlangen!"

Schweigen. Mir wird ganz komisch heiß. Billi presst sich von hinten an mich, um auch etwas von dieser spannenden Vorstellung mitzukriegen.

Großmutter fängt jetzt plötzlich an zu flüstern. Irgend etwas von Ehrgeiz sagt sie und von Billis Karriere. Ich verstehe nur Bahnhof, und obwohl ich wie gebannt lausche, will ich von alldem eigentlich nichts mitbekommen.

„Hör doch endlich auf! Du machst alles nur noch viel schlimmer!", keift Mama jetzt laut.

„Nein, ich hör nicht auf! Sabine, erinnerst du dich nicht? Das Gleiche hab ich schon mal mit dir durchgespielt und ich mache mir große Vorwürfe!"

„Du redest Unsinn. Nie im Leben war ich magersüchtig!"

„Wieso kannst du es immer noch nicht zugeben? Wieso eigentlich nicht?"

„Weil es nicht stimmt!"

„Da stehst du ja Nina in nichts nach! Kein Wunder, dass du so gegen eine Familientherapie wetterst. Aber bitte schön! Wenn du willst, dass deine Tochter eines Tages vor die Hunde geht!"

Ich gucke Billi an und Billi guckt mich an. Was geht hier eigentlich vor?

Mit einem Ruck stoße ich die Tür auf. Mama heult in ihr Taschentuch, Großmutter sieht mich erschrocken an.

„Hört auf! Hört doch verdammt noch mal auf!", schreie ich und laufe dann in mein Zimmer.

19

Im Hotelzimmer gibt es keine Waage, aber ich schätze, ich wiege so um die 45 Kilo. Es macht mich total fertig, dass ich es nicht genau weiß, aber zum Glück habe ich durch meine Ex-Kneif-Jeans wenigstens einen ungefähren Anhaltspunkt. Im Bund und an den Beinen sitzt sie ziemlich locker, nur der Po wölbt sich fast immer noch wie bei Stella mit ‚st'.

45 Kilo? Schon möglich... Leider... Weil ich vor drei Tagen einen Fressanfall hatte und sämtliche Chips, Erdnussflips, Salzstangen und Schokonüsse aufgefuttert habe, die Mama für ihre Geburtstagsparty eingekauft hatte. Mama hat natürlich einen Kreischanfall gekriegt, ich auch, aber dann ist Großmutter auf die glorreiche Idee gekommen, mit mir zusammen für ein verlängertes Wochenende an die Ostsee zu fahren. Niemand hat Einspruch erhoben – ich mit Großmutter an Mamas Geburtstag weg! Gut, vielleicht wollen sie ihre peinliche Tochter wegschaffen, bloß nicht die Gäste mit meiner Anwesenheit beleidigen, und außerdem haben sie ja noch ihre Vorzeigetochter Billi, die sicherlich mit Vergnügen und dramatischem Gesichtsausdruck um die Kaffeetafel tanzt.

Fressanfall Nummer zwei stellte sich dann zu allem Unglück während der Autofahrt ein. Vier Eier, drei Brote und zwei Schokoriegel mussten dran glauben, während für Großmutter nur ein läppischer Apfel übrig blieb.

Seitdem bin ich auf Diät. Nicht mehr als 300 Kalorien am Tag – das ist mein eiserner Vorsatz. Klar wird Großmutter mich bearbeiten wollen. Deshalb ist sie doch bestimmt nur mit mir weggefahren. Ein ausgeklügelter Plan: Mama beauftragt Großmutter, mich für ein paar Tage von Berlin wegzubringen und dabei erziehungstechnisch auf mich einzuwirken. Wenn sie selbst schon kein Glück mit mir hat, schafft es vielleicht ihre eigene Mutter, mich zum Essen zu überreden, notfalls zu zwingen. Ob die wirklich glauben, ich würde sie nicht durchschauen?

Immerhin wohnen wir am Rand von Heringsdorf in einem wunderschönen Hotel direkt am Meer. Wenn ich das Fenster öffne, höre ich das Meer und ich rieche es und die Möwen kreischen und freuen sich über ihr freies Leben.

Gleich beim ersten Abendessen nehme ich Großmutter unter die Lupe. Während Großmutter drei Gänge für sich ordert, bestelle ich mir lediglich einen grünen Salat ohne Öl. Großmutter sagt nichts. Sie sagt auch nichts, als ich nur ein Salatblatt esse und den Rest von mir schiebe. Als ob sie mein Nicht-Essen überhaupt nicht interessiert, vertilgt sie voller Genuss ihre Hühnerbrust in Currysoße und berichtet von einer kleinen, alternativen Galerie am Prenzlauer Berg, die eventuell ihre Bilder ausstellen will.

„Na toll", sage ich lahm.

Garantiert ist eine alternative Galerie eine bessere Adresse als ein Altenheim mit einer verbiesterten Leiterin, aber wieso erzählt sie mir solche Dinge, wo eigentlich ganz andere Themen anstehen? Immerhin ist bei uns zu Hause nur noch der Teufel los. Mama gegen Großmutter, Großmutter gegen Mama und alle gegen mich. Warum spricht sie es nicht endlich an? Nina, fang wieder an zu essen, siehst du nicht, wie klapperdünn du bist, werd verdammt noch mal rund und schweinchenrosig wie Stella mit ‚st'! Wir müssen endlich das Familienproblem namens Nina aus der Welt schaffen, sonst bleibt mir nichts anderes übrig, als weiter mit deiner Mutter rumzukeifen!

Um es Großmutter leichter zu machen, hülle ich mich ganz in Schweigen. Irgendwann muss es ihr doch unangenehm werden, gegen eine stumme Wand zu plappern. Aber ich habe mich getäuscht.

Großmutter nippt an ihrem Weinglas und erzählt mir derweil gut gelaunt ihr halbes Leben. Von ihren Reisen mit Opa, Italien und Spanien in den späten 60er Jahren, und dann kommt sie zu allem Überfluss auch noch auf Paul Kühne zu sprechen. Bin ich etwa in dieses schöne Seebad gefahren, um mir die Liebesaffäre meiner Großmutter reinzuziehen? O je – das stehe ich nicht durch!

Großmutter erkärt mir, dass sie und ihr Lover in einer tiefen Krise stecken würden, Paule-Mann könne nicht damit umgehen, so eine erfolgreiche und emanzipierte Lebensgefährtin zu haben, und ich frage mich allen Ernstes, was ich dazu sagen soll.

Ihr Tipps aus meinem erfahrungsreichen Liebesleben geben? Natürlich könnte ich... Liebes Omamuttchen, lass deinen Lover ruhig ein wenig zappeln, er wird schon wissen, was er an dir hat und wieder auf Knien angerutscht kommen, und mach bloß nicht den Fehler und bügele ihm die Unterhosen, denn: Selbst ist der Mann!

„Wie sieht's eigentlich mit deinem Verehrer aus?", fragt Großmutter aus heiterem Himmel.

„Was für ein Verehrer? Spinnst du?" Dummerweise werde ich puterrot.

Großmutter lacht. „Entschuldigung! Ich wollte dich nicht in Verlegenheit bringen. Ich dachte mir nur, ein intelligentes und hübsches Mädchen wie du hat doch sicherlich einen Verehrer."

„Dann hast du eben falsch gedacht", murmele ich eingeschnappt und angele mir ein lappiges Salatblatt, auf dem ich in Zeitlupe herumkaue. Hübsches Mädchen – haha!

„Böse?" Großmutter langt über den Tisch und zupft an meinem Haar.

Obwohl ich tatsächlich böse bin, schüttele ich den Kopf.

„Und warum hast du dich neulich für das Tanzfest so… aufgerüscht?"

Ich wäre Großmutter wirklich dankbar, wenn sie ihr peinliches Alt-Damen-Vokabular zu Hause lassen würde.

„Ach so", plappert sie munter weiter. „Verstehe. Wegen der Konkurrenz zu den anderen Mädchen. Ist doch so – oder?"

„Ja! Und nein! Verdammt noch mal! Was willst du eigentlich von mir?"

„Dass du mir ein bisschen von dir erzählst. Schließlich hab dir den ganzen Paul Kühne auf dem Silbertablett präsentiert."

„Okay, er heißt Sven, jobbt im Fitnessstudio seines großen Bruders, er spielt Handball, und ich hätte ihn fast mit einem Stück angespeichelter Frikadelle angespuckt. Noch was?"

Großmutter öffnet leicht ihren Mund, als wolle sie etwas sagen, überlegt es sich aber anders und lächelt nur.

„Du hast was Grünes zwischen den Zähnen."

„Oh."

Schnell hält sie sich die Hand vor den Mund, um sehr dezent in ihren Zähnen herumzupulen. Als sie damit fertig ist, beugt sie sich so weit zu mir rüber, dass ihr schwarz-braun-gemustertes Leinenhemd fast in ihrem Orangenpudding hängt.

„Ist es der Junge, mit dem du in dem Fitnessstudio eingeschlossen warst?"

„Ja." Ich starre auf meine von Rillen durchzogenen Handrücken. Irgendwie finde ich es nicht besonders lustig, mit Großmutter über solche Dinge zu reden.

„Und das Fest war eine Pleite für dich?"

Ich schaue hoch und sehe Großmutter an. Wir kommt sie nur darauf? Ob sie genauso wie Mama zu der Sorte Mensch gehört, die einen immer beobachtet, jedes Augenbrauenzucken, jedes Mundwinkelheben registriert, und sich doch nichts anmerken lässt?

„Es war eine Megapleite, wenn du's genau wissen willst. Er hat mich einfach links liegen lassen und mit einer anderen eng getanzt und geküsst hat er sie auch noch." Ich kann nichts dagegen tun, die Worte kommen einfach so hervorgesprudelt.

„Das tut mir Leid." Großmutter isst ein paar Löffel Pudding, als wäre nichts weiter vorgefallen, dann fragt sie mich, ob er mir denn vorher Anlass zur Hoffnung gegeben hätte.

„Er ist mir nachgedackelt! Wollte mit mir ins Kino... hat ewig und drei Tage rumgenervt!" Das mit der Kratzbürstenfassade erwähne ich lieber nicht.

„Und du hast ihn abblitzen lassen?

Ich nicke.

„Da brauchst du dich nicht zu wundern..."

„Was weißt denn du schon!", brause ich auf. Es ist mir egal, dass die Leute vom Nebentisch interessiert zu uns rüberstieren.

Aber Großmutter bleibt ganz ruhig. „Darf ich zusammenfassen?", sagt sie und schwenkt ihren Dessertlöffel vor meiner Nase hin und her. „Punkt eins: Sven mag dich. Punkt zwei: Du hast ihm mehrere Körbe gegeben. Punkt drei: Er tanzt vor deinen Augen mit einer anderen. Das kann heißen, er will dich provozieren oder aber er hat sich in die andere verliebt. Punkt vier: Du musst dich bei ihm melden und ihn fragen. Nur so kannst du die Wahrheit herauskriegen."

Großmutter spinnt wohl! Soll ich Sven etwa anrufen und ihn fragen, ob er sich in die Party-Tussi verknallt hat? Und wenn er sagt: „Ja, hab ich", dann lege ich mit besten Wünschen für die Zukunft auf. Nie im Leben werde ich mich so blamieren!

„Und? Wie findest du Punkt vier?"

„Beschi..." Ich halte mitten im Wort inne, weil Großmutter es nicht leiden kann, wenn man sich so beschissen ausdrückt.

„Dann wirst du vermutlich nie erfahren, ob er dich noch mag."

„Ja und? Ich finde ihn auch gar nicht mehr gut!"

„Das glaube ich dir jetzt nicht." Großmutter gackert wie eine Henne. „Übrigens mag ich Paul auch noch. Trotz Krise."

„Dann sag es ihm doch!"

„Werde ich auch tun. Und zwar schriftlich. Du kannst dir ja überlegen, ob du deinem Sven auch einen Brief schreibst."

Sonne, Wind und blauer Himmel – Großmutter und ich spazieren am Strand entlang und begucken die großartigen Villen an der Promenade. Das Thema Sven, Paul Kühne und Briefe schreiben hat Großmutter erst mal ad acta gelegt. Was nicht heißt, dass sie früher oder später doch wieder davon anfangen wird.

Bei Ahlbeck verlassen wir den Strand und suchen uns im Ort eine Telefonzelle. Mama anrufen. Schließlich wird sie heute 41.

„Hallo, Mama", sage ich in die Muschel. „Alles Gute zum Geburtstag. Das Wetter ist schön und das Essen schmeckt."

Dann übergebe ich an Großmutter und schlendere, um mir die Zeit zu vertreiben, zum Zeitungskiosk auf der gegenüberüberliegenden Straßenseite.

Vielleicht war es nicht besonders nett, Mama mit nur vier Kurzsätzen abzuspeisen, von denen der eine auch noch gelogen war, aber irgendwie ist mir nicht danach, mit ihr zu plauschen.

Ich drehe den Zeitungsständer, gucke mir all die schönen Mädchen auf den Programm- und Modezeitschriften an, eins hübscher als das andere, keins von denen wird so verwarzt aussehen, wenn es morgens aus dem Bett kommt. Jetzt bin ich bei den Tageszeitungen angelangt, hoffentlich macht Großmutter ein bisschen dalli, ich habe Durst und muss auf die Toilette... Fanny... Da steht was über Fanny! Ich lese die Schlagzeile, verstehe nicht ganz..., lese sie wieder, komische Wörter, die keinen Sinn machen wollen... „Yasmin Borgfeld zwischen Leben und Tod."

Wie bitte...???? Ich zerre die Zeitung aus dem Ständer, zerreiße dabei ein paar Seiten. Was bitte schön ist mit Fanny los? Was soll das heißen zwischen Leben und Tod? Ich überfliege den Artikel, Koma, Folgen einer Essstörung, irreparable Schäden... Das Blut weicht aus meinem Kopf, meine Beine werden wachsweich, wollen mich nicht mehr halten, aber bevor ich zu Boden sinke, packt Großmutter mich am Arm, gleichzeitig tobt der Kioskbesitzer nach draußen, er faucht mich an, was mir einfalle, einfach die Zeitung zu zerfetzen, aber Großmutter zückt schon ihr Portemonnaie und reicht dem Mann Kleingeld. Dann zieht sie mich weg.

„Was hast du?" Bestimmt fünfmal wiederholt sie ihre Frage, doch ich kann nichts antworten. Wenn Fanny nun stirbt! Meine Fanny!

Kurz entschlossen nimmt Großmutter mir die Zeitung aus der Hand und liest. Es dauert eine Weile, bis sie mich wieder ansieht.

„Ist es wegen der Schauspielerin?"
„Ja! Mann…!"
„Tut mir Leid", murmelt Großmutter und zieht mich zu einer Bank auf der Promenade. „Das ist wirklich furchtbar."
Dann fange ich an zu weinen. Einfach so. Die Tränen strömen mir übers Gesicht und laufen auf meine Jacke.
Großmutter legt ihren Arm auf die Bank und zieht mich zu sich, so dass ich meinen Kopf auf ihrer Schulter abladen kann.
„Ja, wein nur." Großmutters Stimme ist ganz nah an meinem Ohr.
„Es muss dir nicht genauso ergehen. Hörst du?"
Tränenverschmiert schaue ich Großmutter an, bin auf einmal völlig nüchtern. „Wie meinst du das?"
„Du wirst es mit deiner Hungerei nicht so weit kommen lassen, dafür bist zu vernünftig."
Was redet Großmutter da eigentlich? Was hat Fannys Zusammenbruch denn mit mir zu tun? Ich stehe auf und laufe ein paar Schritte die Promenade entlang. Großmutter eilt mir nach und nimmt mich bei der Hand. „Ich helfe dir. Du wirst nicht…"
„Lass mich!", schreie ich und dann renne ich los. Immer geradeaus Richtung Hotel. Ich höre nichts, sehe nur, wie meine Füße sich fortbewegen und sich anfühlen, als würden sie gar nicht zu mir gehören. Erst kurz vor unserem Hotel geht mir die Puste aus. Keuchend gehe ich die paar Meter zum Eingang, ich muss schrecklich aussehen, als ich an der Rezeption den Schlüssel verlange.
Im Zimmer ist es herrlich ruhig. Während ich Badewasser einlasse, fällt mir auf, dass ich die ganze Zeit über nichts gedacht habe, so als wäre ich auch schon halb tot. Vielleicht war es nicht ganz fair, Großmutter einfach an der Promenade stehen zu lassen, aber selbst schuld, wenn man so idiotische Sachen sagt…
Als ich wenig später ins Wasser eintauche, geht es mir für einen kurzen Moment gut. Ich taste nach meinen hervorstehenden Beckenknochen, nach meinem einigermaßen flachen Bauch und weiß, dass alles in Ordnung ist. Wie kann man nur weiterleben, wenn man einen Pummelbauch hat und das Fett der Oberschenkel aneinander schubbert? Auch wenn es keiner zugibt, insgeheim will doch jeder so schön wie Fanny sein – schön und schlank wie eine Göttin.
Fanny… Ich begreife das nicht. Warum ist das nur passiert? In dem Artikel stand was von Anorexia – das Gleiche, was Frau Henning bei

mir gesagt hat. Und wenn es nun irgendetwas anderes ist? Eine rätselhafte Krankheit, die sie einfach so umgehauen hat?

Später wickele ich mich in die beiden großen Badetücher und warte im Bett auf Großmutter. Das Leben ist ungerecht. Gemein. Fanny, tu mir das bitte nicht an! Ich wünschte, Großmutter wäre jetzt hier und würde mich wie ein kleines Baby trösten.

Am nächsten Morgen wache ich mit einem schrecklichen Gefühl auf. Erst weiß ich gar nicht so genau, was los ist, doch dann fällt es mir ein: Ich habe Angst. Dick und fett hockt sie in meiner Magengrube und arbeitet sich langsam Richtung Kehle hoch. Ein widerliches Gefühl, das mir den Schweiß auf die Stirn treibt.

Schnell ziehe ich meine Decke weg und springe aus dem Bett. Jetzt geht es mir schon ein bisschen besser. Ich dusche lauwarm, warte dann mit flauem Magen, bis Großmutter sich fertig gemacht hat.

Merkwürdig, wie schnell sie zur Tagesordnung übergehen kann. Weder redet sie beim Frühstück von Fanny, noch von meiner Hungerei, köpft stattdessen voller Enthusiasmus ihr Ei und fragt mich, ob wir heute nicht die deutsch-polnische Grenze passieren und einen Spaziergang nach Swinemünde machen wollen.

„Mir egal." Ich zerteile ein Vollkornbrötchen in winzige Stückchen. Ein paar Krümel habe ich schon trocken aufgegessen und merke jetzt richtig, wie sich mein Magen über den Brei freut.

„Wenn du nicht laufen magst – wir können auch den Bus nehmen."
„Egal."
„Was ist los? Immer noch wegen gestern?"
Dummerweise kullern sofort die Tränen.
„Ich will nicht ins Krankenhaus! Will ich nicht…"
„Liebes!" Großmutter schiebt ihren Stuhl um den Tisch und nimmt mich in den Arm. „Du musst doch gar nicht ins Krankenhaus. Psst…"
„Aber wieso ist das mit Fanny passiert?"
„Weil sie nicht mit dem Hungern aufhören konnte." Großmutter gibt einen Pfeiflaut von sich. „35 Kilo. Da ist man ja kaum noch vorhanden…"

Ich heule und schluchze, verschlucke mich fast an meinen Tränen. Großmutter wickelt erst meine Brötchenreste in eine Serviette und verstaut das Paket in ihrem Sakko, dann führt sie mich aus dem Speisesaal. Gaffende Leute.

Ehrlich gesagt weiß ich auch nicht, was eigentlich mit mir los ist. Natürlich finde ich die Sache mit Fanny schrecklich. Sie ist sogar ziemlich grauenhaft. Ich will nicht, dass sie halbtot im Krankenhaus liegt, ich will auch nicht, dass sie deshalb bei „5 unter einem Dach" aussteigt, aber daß es mir mal genauso ergehen könnte, ist doch albern. Oder etwa nicht...?

Oben im Zimmer lege ich mich sogleich ins Bett und ziehe die Decke bis zum Kinn. Großmutter verschwindet eine Weile im Bad, kommt dann mit frisch gewaschenen Weintrauben zurück. Mmh, lecker – eine werde ich mir schon leisten können, ohne gleich völlig aus dem Leim zu gehen.

„Großmutter?" Ich lutsche den Saft aus der Traube und behalte die Schale zurück. „Denkst du, ich bin genauso... krank wie Fanny? Denkst du das?"

Großmutter dreht ewig lange eine Traube zwischen ihren Fingern, bevor sie antwortet. „Nein, Nina. Das nicht. Zum Glück... Aber wenn du meine ehrliche Meinung hören willst: Du bist auf jeden Fall essgestört, und wenn du so weitermachst, wirst du eines Tages richtig krank werden."

„Essgestört... So ein beknacktes Wort!" Jetzt fängt sie auch noch damit an!

„Es besagt lediglich, dass du nicht normal isst."

„Ach ja? Nur weil ich nicht so viel in mich reinstopfe wie andere Leute, bin ich gleich unnormal?"

„Glaub mir, Nina. Es gibt einen Unterschied zwischen nicht so viel in sich reinstopfen und gar nichts mehr essen. Außerdem hast du mich nach meiner Meinung gefragt."

Das ist wahr. Ich hole tief Luft. „Aber wie soll man denn verdammt noch mal schlank bleiben, wenn man normal isst! Ich brauche doch nur Kalorien anzugucken und schon werde ich fett!"

„Du wirst nicht fett! Und warst es auch nie. Du hast ja nie richtig in den Spiegel geschaut."

„Aber Billi ist viel dünner als ich!"

„Und wenn schon! Jeder ist anders gebaut. Spargeldünn, normal, rundlich – in der menschlichen Natur gibt es alles. Und glaub mir: Viele Bohnenstangen wären gerne dicker!"

„Ganz toll! Echt!" Wütend drehe ich mich auf den Bauch. Großmutter erzählt doch die reinsten Lügenmärchen.

„Liebes!" Ich fühle einen Pieks in meinem Rücken, dann noch einen. „Glaubst du denn wirklich, man wird mehr geachtet, wenn man dünn ist? Je weniger Speck auf den Rippen, desto großartiger finden einen die Lehrer, desto netter sind die Eltern zu einem, desto mehr Jungs laufen einem nach?"

Ich drehe mich wieder auf den Rücken, bin wie versteinert. Natürlich ist das so. Kann man doch in jeder Zeitschrift nachlesen. Warum zum Beispiel spielt Fanny in der Serie mit und nicht Stella mit ‚st?

„Ich sag dir jetzt mal, was wirklich Sache ist: Jungs mögen weibliche Rundungen, keine Gerippe, Lehrer interessieren sich nur für deine Leistungen und deine Eltern lieben dich sowieso so, wie du bist. Sie lieben dich, weil du überhaupt da bist!"

Davon hab ich allerdings nicht viel gemerkt. Klar – meine Eltern bringen sich halb um, wenn Billi da ist, aber meine Anwesenheit ist doch genauso selbstverständlich wie unser Zweitfernseher oder die Waschmaschine!

„Hast du mir überhaupt zugehört?"

„Ja!"

„Es spielt keine Rolle, wie viel du wiegst. Entweder man mag dich, oder aber man lässt es bleiben!"

„Genau. Und Mama und Papa gehören zur letzteren Sorte."

„Du redest Blödsinn."

„Lass mich in Ruhe!" Mit einem Ruck ziehe ich mir die Decke über den Kopf. Ich weiß, dass ich mich gerade ziemlich affig aufführe, aber ich kann eben nicht anders.

„Okay." Großmutter steht auf, raschelt dann im Zimmer herum. Ich linse unter meiner Decke hervor, sehe, wie sie ihre Jacke anzieht.

„Ich gehe jetzt spazieren, und du denkst mal über den Satz nach: ‚Meine Enkelin Nina ist etwas Besonderes'."

Schon ist Großmutter draußen und ich liege wie erschlagen da. Meine Enkelin Nina ist etwas Besonderes. Soll das ein Witz sein oder meint sie es etwa ernst? Ich und etwas Besonderes? Ich sehe durchschnittlich aus, habe keine sensationellen Fähigkeiten oder Hobbys, okay, in der Schule bin ich nicht gerade schlecht, aber auch nicht bombastisch...

Billi ist was Besonderes. Auch wenn mich Ballett nicht interessiert – auf ihre Art geht sie glatt als Göttin oder zumindest als Königin durch.

Sven ist ebenfalls was Besonderes. Weil er so süß lacht. Weil er schöne Grübchen hat, eine Knatterstimme zum Dahinschmelzen und weil seine Hand so schön warm auf meinem Arm war...

Ihm schreiben... Großmutter hat vielleicht Nerven. Ich würde mich doch nur tödlich blamieren! Und wenn nicht? Wenn er darauf wartet, dass ich den ersten Schritt mache? Kurz entschlossen setze ich mich an den Schreibtisch und spiele das Spiel „Wie-wäre-es-Sven-zu-schreiben?". Das Hotelpapier ist dafür bestens geeignet.

„Lieber Sven", kritzele ich. „Ich liebe dich."

So ein Blödsinn! Wie kann ich nur!

Ich starte einen zweiten Versuch: „Lieber Sven! Lieber wäre es mir, wenn du mich küssen würdest, statt dieser dicklichen Partykuh..."

Ohgottohgottohgott! Ich glaube, ich bin wirklich die mieseste Briefeschreiberin der Welt! Wütend zerknülle ich beide Bögen und strecke mich wieder auf dem Bett aus. Warum kommt Großmutter bloß nicht wieder? Ich fühle mich so schrecklich allein! Allein und hungrig und... ach verdammt! Bevor ich weiter darüber nachdenken kann, habe ich den Telefonhörer in der Hand. Ich weiß, es kostet eine ganze Stange Geld, aus dem Hotel zu telefonieren, aber mir ist so ganz plötzlich danach, irgendeine menschliche Stimme zu hören.

Mama ist sofort dran. Sie freut sich riesig und schlägt vor, mich zurückzurufen.

Wie ist das Wetter? Was macht ihr so? Ist's schön dort? Mama will so vieles wissen, dann erzählt sie von ihrer Geburtstagsfeier, die wohl ganz gelungen war, kein Wort verliert sie übers Thema Essen.

Erst als wir eine Viertelstunde gequatscht haben, fragt sie mich, warum ich eigentlich angerufen hätte.

„Ach, nur so", murmele ich.

„Aber das ist doch gar nicht deine Art, einfach nur so anzurufen."

Richtig erkannt.

„Geht's dir nicht gut?"

„Doch."

„Oder hast du dich mit Großmutter gestritten?"

„Bitte, Mama, es ist alles okay, außer dass..." Meine Stimme fängt ganz plötzlich an zu wackeln. „Fanny liegt im Krankenhaus."

„Wer um Gottes willen ist Fanny?"

„Das Mädchen aus „5 unter einem Dach"."

„In Wirklichkeit oder in der Serie...?"

„Ganz in echt."

Mama sagt eine Weile nichts.

„Und was hat sie?"

„Ist doch egal! Vielleicht muss sie sterben und ich..."

Laut schluchze ich in den Hörer.

„Nina! Nina!" Ich höre Mama nur wie von ferne. „Was ist bloß los mir dir?"

„Nichts."

„Gib mir doch mal Großmutter."

„Nicht da."

„Oh je." Pause.

Ich schnäuze mich und weiß, dass ich gerade totalen Mist gebaut habe.

„Ich kann mir schon denken, was mit dieser Fanny ist", sagt Mama schließlich. „Sie hat Magersucht, richtig?"

Obwohl Mama mich natürlich nicht sehen kann, nicke ich. Soll ich das Gespräch einfach beenden? Schließlich ist Mama die Letzte, mit der ich eigentlich über solche Dinge reden möchte.

Räuspern am anderen Ende der Leitung. „Wir kriegen das in den Griff mit dir, Nina. Keine Sorge."

„Ja."

„Wir schaffen das, klar?" Und: „Wenn wir zusammenhalten, kriegen wir das hin."

„Ja", sage ich wieder, „und grüß mir alle", und dann lege ich auf.

Wenig später ist Großmutter wieder da. Mit roten Wind-und-Wetter-Wangen und strahlend, als wäre überhaupt nichts weiter gewesen.

„Schwimmen? Sauna?"

„Ähm, ja, das heißt nein..."

„Und wieso bitte schön nein?" Großmutter steht schon am Schrank und zerrt meinen Badeanzug hervor, den ich vorsichtshalber eingesteckt habe.

„Weil...", fange ich an, bringe aber kein weiteres Wort raus. Wenn ich ehrlich wäre, müsste ich sagen, tut mir Leid, ich kann mich nicht in einem Schwimmbad oder in einer Sauna im Badeanzug zeigen, dafür bin ich noch nicht schlank genug, aber ich will einfach keinen Stress mit Großmutter.

„Du traust dich nicht halb nackt in die Öffentlichkeit, ist es das?"

Ich nicke beschämt. Seit wann kann Großmutter meine Gedanken lesen?

„Dann sag ich dir mal was: Im Schwimmbad ist keine Menschenseele! Ich habe eben nachgeschaut."

„Aber es könnte jemand reinplatzen!"

Ohne ein Wort zu sagen, läuft Großmutter ins Bad und kommt kurz darauf im Bademantel und in Badelatschen wieder raus.

„Wir gehen jetzt runter, du nimmst vorsichtshalber deinen Badeanzug mit und dann kannst du selbst entscheiden."

Ist in Ordnung, denke ich, und schnappe mir meinen roten Einteiler. Ein bisschen Bewegung wird mir nach der Fitness-Pause nur gut tun.

Großmutter hat nicht gelogen. Ein Schwimmbad ganz für uns alleine – der helle Wahnsinn! Ziemlich happy verschwinde ich in der Umkleidekabine. Als ich zwei Minuten später nur im Badeanzug zurück in die Halle komme, ist Großmutter schon im Wasser und zieht im Schneckentempo ihre Bahnen.

„Achtung!" Mit einem Platsch lande ich im Wasser und kraule drauflos. Großmutter schwimmt nicht, sie hängt wie ein Frosch im Wasser und paddelt auf der Stelle. So kommt es mir jedenfalls vor, während ich wie ein Blitz an ihr vorbeischwimme. Hin und her und hin und her...

Nach etwa zwanzig Minuten steigt Großmutter japsend aus dem Wasser.

„Sauna...?"

Obwohl ich ziemlich unentschlossen bin, stemme ich mich am Beckenrand hoch und dackele Großmutter nach, die ratzfatz ihren Badeanzug abstreift und mit einem frischen Handtuch unterm Arm in der Sauna verschwindet. Tür zu. Ich stehe ein wenig belämmert rum und überlege, ob man nicht auch mit Badeanzug reingehen kann.

Kann man. Ich kann es jedenfalls. Bin doch nicht verrückt und ziehe mich hier nackt aus.

Großmutter hockt auf der mittleren Bank und lässt den Kopf hängen.

„Uff!", sagt sie nur, während ich mich ihr gegenüber hinsetze.

Verstohlen gucke ich Großmutter an. Ihre Brüste hängen auf ihrem Bauch, der in Form von drei Rettungsringen Richtung Oberschenkel wabert, die ihrerseits von lauter geplatzten Äderchen durchzogen sind...

Ganz unvermittelt sieht Großmutter hoch. Wenn ich nicht schon von der Hitze einen roten Kopf hätte, würde es bestimmt „blush!" machen.

„Auch wenn man so aussieht wie ich, kann man glücklich sein", sagt sie und lächelt. „Schau mich genau an. Auch ich werde noch von einem Mann begehrt, ich habe Freundinnen, die mich mögen, eine Tochter und zwei Enkelinnen..."

Ohgottohgottohgott, wie peinlich! Warum habe ich Großmutter nur so angeglotzt? Kann sie mir ihren Text nicht ersparen? Aber ungerührt fährt sie fort: „Nina, sag mir, magst du mich jetzt weniger, weil ich keine Modelschönheit bin?"

„Nein." Ich klinge heiser, als hätte ich mir kurz mal eine fürchterliche Erkältung eingefangen.

„Siehst du." Großmutter lacht. „Dann bist du ja der lebende Beweis für die These, dass nicht alles im Leben nur nach Dünn-Sein geht!"

„Ich will trotzdem nicht so aussehen!", entfährt es mir.

Hilfe, noch so ein Patzer! Warum kann ich nicht einmal nachdenken, bevor ich etwas sage?

Aber Großmutter ist kein bisschen sauer. „Das musst du auch nicht", sagt sie grinsend. „Nicht in deinem Alter. In fünfzig Jahren solltest du allerdings damit rechnen, dass sich dein Körper verändert."

„Mir ist zu heiß", sage ich und gehe raus, um zu duschen. Das kalte Wasser tut richtig gut. Mit einem Schlag habe ich einen klaren Kopf. Ich sehe Sven vor mir – sein Grübchenlächeln –, dann sehe ich ihn mit dieser Tussi, schließlich mich selbst, wie ich in Billi-Klamotten im Fitnessstudio herumstolziert bin. Vielleicht habe ich albern ausgeschaut – mit meiner fetten Schminke im Gesicht. Die Sven-Tussi sah eigentlich ganz normal aus. Und sie war dicklich...

Ich gucke an mir runter. Prima, dass die Beckenknochen hervorstehen, schaut wirklich gut aus, nur leider wölbt sich mein Bauch heute leicht nach außen. Wie hieß das noch in Physik? Konvex... Ich habe einen konvexen Bauch. Ähnlich wie Großmutter. Nur dass ihr Bauch konvex hoch zehn ist.

Als ich mich abtrockne, kommt Großmutter endlich aus der Sauna. Natürlich konvex hoch zehn. Eigentlich finde ich es ziemlich toll, wie ungeniert sie ihren nackten Körper durch die Gegend schiebt.

Später strecken wir uns auf den Schwimmbadliegen aus und spielen Prominentenraten. Das macht ziemlich viel Spaß, weil Großmutter sich immer so abstruse Leute wie Guildo Horn oder Homer Simpson ausdenkt. Eine Stunde später lasse ich Großmutter alleine, um mir auf dem Zimmer „5 unter einem Dach" anzugucken. Es tut zwar ziemlich weh, eine völlig gesunde Fanny herumspringen zu sehen, aber trotzdem ziehe ich die Nummer durch.

„Ich hab eine Idee", sagt Großmutter, während der Abspann läuft. „Wir lassen das Abendessen ausfallen und bestellen uns Pizza aufs Zimmer – was hältst du davon?"

Einigermaßen entgeistert schaue ich Großmutter an. Natürlich halte ich im Prinzip sehr viel davon, leckere Pizza zu verdrücken, während ich mich auf dem Hotelbett lümmeln kann. Andererseits hat Pizza verdammt viele Kalorien, und falls ich nun einen Fressanfall bekomme, ist nicht mal was zum Nachschieben da...

„Vorschlag Nummer zwei: Wir teilen uns eine Pizza. Davon nimmst du nicht zu, aber auch nicht ab. In Ordnung?"

Ich nicke langsam, weiß gar nicht, auf was für einen Kuhhandel ich mich da einlasse.

„Fein! Spinat-Gorgonzola ist dir recht?"

Ich nicke ein zweites Mal, schon hängt Großmutter am Telefon.

Davon nimmst du nicht zu, hat sie gesagt. Wenn es nun wirklich stimmt... Andererseits habe ich riesigen Hunger. Pizza, hmm!!

Eine Stunde später ist der Pizza-Mann da. Großmutter breitet Servietten auf dem Bett aus, schneidet die Pizza in Achtel und holt als Krönung einen Piccolo aus der Minibar.

„Trinkst du auch einen kleinen Schluck? Unseren letzten Abend feiern?"

Ich zögere kurz – eigentlich trinke ich ja nicht –, aber dann sage ich: „Gerne." Irgendwie ist es plötzlich ganz leicht und rosig in mir – auch wenn die schreckliche Fanny-Sache ständig in einem Hinterstübchen meines Kopfes herumspukt.

„Such uns doch inzwischen einen schönen Film aus!", schlägt Großmutter vor, während sie den Sekt auf zwei Gläser verteilt.

Das lasse ich mir nicht zweimal sagen. Ich zappe mich durch die Kanäle und finde zum Glück einen schönen Schnulzen-Liebesfilm auf 3 SAT.

Dann hocken wir uns beide aufs Bett und fangen an zu essen. So stelle ich mir immer die erste Liebesnacht meines Lebens vor. Mit Sekt und Pizza – nur die Kerzen fehlen...

„Iss langsam", ermahnt Großmutter mich. „Dann hast du mehr davon und bist schneller satt."

Natürlich hat sie recht, aber ich bin so gierig, dass ich meine Hälfte in kürzester Zeit weggeputzt habe. Einen kurzen Moment denke ich, kotzen oder weiterfuttern?, aber da beides nicht drin ist, halte ich mich an meinem Glas fest und trinke den Sekt tröpfchenweise. Klar, könnte ich jetzt noch mehr essen. Schokolade und Eis und Plätzchen, von mir aus auch Käsebrote, aber eigentlich geht es mir doch auch so ganz gut. Okay – wenn ich ehrlich bin, würde ich dieses fettige Käsezeugs lieber nicht in meinem Magen haben, aber jetzt aufstehen und heimlich den Finger in den Hals stecken – nein. Erstens ekele ich mich immer vor mir selbst zu Tode, und zweitens würde Großmutter garantiert etwas mitbekommen.

„Möchtest du noch von mir ein Stück?" Großmutter hält ihr letztes Achtel hoch.

„Danke. Nein." Im Film küsst sich das Liebespaar gerade das erste Mal. „Hast du deinem Paul Kühne schon geschrieben?"

„Ja." Großmutter präsentiert mir ein breites Grinsen mit Spinatresten zwischen den Zähnen.

„Ach, und wann?"

„Heute morgen. Ich war unterwegs im Café. In Ahlbeck. Und du?"

Ich schüttele den Kopf.

„Leg doch jetzt gleich los! Sven freut sich bestimmt, wenn er Post von der Ostsee bekommt."

„Ich kann aber nicht."

„Hast du einen Krampf in der Hand?"

„Haha." Schnell stiebize ich mir ein Stückchen Gorgonzola, das in die Packschachtel gekleckert ist. „Ich… ich kann mich nicht ausdrücken!"

„Sag einfach, was du denkst!"

„Und wenn ich nicht weiß, was ich denke?"

„Dann denk drüber nach!"

Toller Ratschlag. Übers Denken nachdenken! Nö – keine Lust. Lieber gucke ich den Film zu Ende. Der geht übrigens mit Happy-End aus. Mit einem supertollen Vielfach-Kuss-Happy-End.

Als wir später das Licht löschen, bin ich von dem Sekt und dem Gedanken, Sven zu schreiben, so aufgekratzt, dass ich nicht einschlafen kann. Es wird zwölf, eins, um halb zwei stehe ich immer noch senkrecht.

Leise schäle ich mich aus dem Bett, setze mich an den Schreibtisch und mache Licht. Hoffentlich wacht Großmutter jetzt nicht auf.

„Was tust du da?", kommt es prompt aus dem Bett.

„Schlaf weiter. Ich will nur was notieren."

„Schreibst du endlich den Brief?"

„Vielleicht."

Dann ist es wieder still. Ich nehme einen der Hotelbögen aus der Mappe und lege ihn wie ein kostbares Schmuckstück vor mich hin.

„Hallo Sven", kritzele ich. Pause, Pause, Pause... Warum ist mein Kopf nur so schrecklich leer? Vorhin im Bett habe ich mir tausend Briefvariationen ausgedacht, lange Sermone, Erklärungen, ja ganze Romane, aber jetzt ist alles wie weggeblasen. Ich kaue am Kugelschreiber rum, doch das bringt mich auch nicht weiter. Hilfe!

Es wird doch nicht so schwer sein, einen simplen Brief an einen zu schreiben, den man mag!

Ein Blick zur Uhr. Halb drei. Mittlerweile bin ich so hundemüde, dass mir fast die Augen zuklappen. Ich will den Brief jetzt aber schreiben, verdammt noch mal! Lieber Sven, lieber Sven, lieber Sven! Ich möchte dich so gerne wieder sehen!! Ja, genau, dich, du Trottel, und wahrscheinlich war ich auch ein ziemlicher Trottel, weil ich so äußerst kratzbürstenhaft rumgezickt habe. Wütend zerknülle ich das Briefpapier und greife nach einem neuen Blatt.

„Lieber Sven", schreibe ich dann, „ich möchte dich gerne wieder sehen. Wenn du magst, ruf mich doch an. Viele Grüße von Nina. P.S. Meine Telefonnummer: 6944508."

Fertig, aus, Ende. Bevor ich es mir anders überlege, stecke ich den Brief in einen Umschlag und adressiere ihn ans Fitnessstudio. So einfach ist das. Einigermaßen beruhigt klettere ich ins Bett zurück und falle in einen tiefen, traumlosen Schlaf.

Tag der Abfahrt. Ein letztes Mal auf die Mole. Das Meer riechen und die Möwen kreischen hören. Der Umschlag wiegt zehn Tonnen in meiner Jackentasche. Am Kiosk zerfleddere ich alle Zeitungen, schaue nach einem neuen Artikel über Fanny – aber umsonst. Wir kaufen Lebensmittel für die Fahrt, Mineralwasser, Saft, zwei Äpfel und zwei belegte Brötchen.

„Willst du nicht langsam mal den Brief einwerfen?", fragt Großmutter.

„Was für einen Brief?", frage ich zurück.

„Den du krampfhaft in deiner rechten Hand hältst."

„Ach, den", sage ich und bemühe mich, meine Gesichtsfarbe konstant zu halten.

Wir gehen ein Stück – oh je, ein Briefkasten…

„Also?" Großmutter ist einfach stehen geblieben und schaut mich erwartungsvoll an.

„Aber es kann doch sein, dass Sven überhaupt nicht mehr an mir interessiert ist!" Ich weiß – ich bin ein elendiger Jammerlappen.

„Wenn du den Brief jetzt nicht einwirfst, wirst du dich auch nicht vom Gegenteil überzeugen können." Großmutter zieht gekonnt ihre linke Augenbraue hoch und hält mir die Briefkastenklappe auf.

Großmütter sind furchtbar. Ganz generell und besonders meine.

Und dann befehle ich meiner Hand, endlich dieses verdammte Stück Papier in den Kasten zu werfen.